Pluspunkt Deutsch

W0094205

2

Arbeitsbuch

Cornelsen

Pluspunkt Deutsch 2
Arbeitsbuch
Der Integrationskurs
Deutsch als Zweitsprache

Im Auftrag des Verlages erarbeitet von
Georg Krüger und Matthias Merkelbach
Alles klar-Seiten: Dieter Maenner

In Zusammenarbeit mit der Redaktion:
Andrea Finster und Dagmar Garve (verantwortliche Redakteurinnen)
Christine Beck (redaktionelle Mitarbeit)
Dr. Gunther Weimann (Projektleitung)

Illustrationen: Laurent Lalo
Umschlaggestaltung und Layoutkonzept: Katrin Nehm
Layout und Technische Umsetzung: Satzinform, Berlin
Umschlagfotos: Flughafen „Franz Josef Strauß" in München,
© Hackenberg/Mauritius; Personenfotos © Thomas Schulz

A/1 Sie können diese Übung nach der Kursbuch-übung Nr. 1 im Abschnitt A bearbeiten.

www.cornelsen.de

1. Auflage, 5. Druck 2009 / 06

Alle Drucke dieser Auflage sind inhaltlich unverändert und können im Unterricht nebeneinander verwendet werden.

© 2005 Cornelsen Verlag, Berlin

Das Werk und seine Teile sind urheberrechtlich geschützt. Jede Nutzung in anderen als den gesetzlich zugelassenen Fällen bedarf der vorherigen schriftlichen Einwilligung des Verlages. Hinweis zu den §§ 46, 52 a UrhG: Weder das Werk noch seine Teile dürfen ohne eine solche Einwilligung eingescannt und in ein Netzwerk eingestellt oder sonst öffentlich zugänglich gemacht werden. Dies gilt auch für Intranets von Schulen und sonstigen Bildungseinrichtungen.

Druck: CS-Druck CornelsenStürtz, Berlin

ISBN 978-3-464-20936-3

 Inhalt gedruckt auf säurefreiem Papier aus nachhaltiger Forstwirtschaft.

Pluspunkt Deutsch auf einen Blick

Pluspunkt Deutsch 2 ist der zweite Band des dreibändigen Deutschlehrwerks, das speziell auf die Bedürfnisse und Erwartungen von Zugewanderten in Integrationskursen zugeschnitten ist. **Pluspunkt Deutsch 2** führt zur Niveaustufe A2 des Gemeinsamen Europäischen Referenzrahmens.

Das **Arbeitsbuch** unterstützt die Arbeit mit dem Kursbuch. Die Wiederholung ist ein wesentlicher Bestandteil des Sprachlernprozesses und hat im Konzept von **Pluspunkt Deutsch** einen hohen Stellenwert. Das Arbeitsbuch enthält ein umfangreiches und vielfältiges Übungsangebot zu den Lektionen des Kursbuchs. Es ermöglicht Kursleitern und Kursleiterinnen auf die individuellen Bedürfnisse und Fähigkeiten der Lernenden einzugehen. Wortschatz und Grammatik sowie die vier Fertigkeiten können also gezielt und binnendifferenziert geübt werden. Die Vokabeln des Kursbuchs mit Hinweisen zur Aussprache finden Sie auf den letzten beiden Seiten der Arbeitsbuchlektionen in der Reihenfolge ihres ersten Auftretens. Die Lernenden können in den Schreibzeilen die Übersetzungen in ihrer Muttersprache eintragen.

Die **Audio-CD** enthält die Hörtexte aus dem Kurs- und Arbeitsbuch sowie die Phonetikübungen.

Unter www.cornelsen.de/pluspunkt gibt es für die Arbeit mit **Pluspunkt Deutsch** Zusatzmaterialien, Übungen und didaktische Tipps sowie interessante Links zur Auflockerung des Unterrichts.

Viel Spaß und Erfolg mit **Pluspunkt Deutsch** wünschen Ihnen die Autoren und der Cornelsen Verlag!

Inhalt

Meine Geschichte

A Kindheit

1 Wiederholung – Familienwörter. Sehen Sie sich den Stammbaum von Frank Weber an und ergänzen Sie.

_____   _____   _ich___ _meine___

 2 Arbeiten Sie zu zweit. Beschreiben Sie das Bild. ☐ A/1

| vorne   in der Mitte |
| hinten   links   rechts |

Vorne links stehen zwei ...

die Straßenlaterne   der Zaun

3 a) **Wir haben mit Irina Nemzowa ein Interview gemacht. Lesen Sie ihre Antworten und ergänzen Sie die Fragen.** 📖 A/5

1. _Woher_ _____ ?
   Aus Russland.

2. _____ ?
   Ich bin 1969 geboren.

3. _____ ?
   Ich habe in einem Dorf in der Nähe von Smolensk gewohnt.

4. _____ ?
   Nur einen Bruder. Er ist drei Jahre älter als ich.

5. _____ ?
   Meine Mutter war Lehrerin und mein Vater war Zugbegleiter bei der Bahn. Sie sind aber geschieden.

6. _____ ?
   Ja, ich bin gern in die Schule gegangen.

7. _____ ?
   Nachmittags, nach der Schule? Ich war immer mit Freunden unterwegs. Ich habe auch viel Sport getrieben.

8. _____ ?
   Ski fahren.

9. _____ ?
   Am Wochenende habe ich meine Oma besucht. Im Sommer haben wir oft im Garten gearbeitet und Marmelade gemacht.

10. _____ ?
    Meine Kindheit war sehr schön.

b) **Schreiben Sie einen Text über Irina und berichten Sie im Kurs.**

Irina kommt aus Russland und ist _____

_____

_____

_____

_____

_____

_____

4 Hier sind einige Informationen über Erkan Özbek. Schreiben Sie einen Text über seine Kindheit.

Erkan ist 1975 in _____

Erkan (rechts) und seine Freunde

1975 in Erzurum in der Türkei geboren	vier Brüder	Onkel und Tante im Nachbarhaus
nach der Schule: Eltern im Restaurant helfen		Lieblingsspiel Fußball
am Wochenende Freunde treffen	Kindheit manchmal hart, aber schön	

5 Wie war Ihre Kindheit? Schreiben Sie einen kurzen Text.

Wohnort – Familie und Geschwister – Schule – nach der Schule – Freizeit

Als Kind habe ich in _____

B1 Erlaubt und verboten

1 Wiederholung – *müssen, dürfen, können, wollen.* Ergänzen Sie.

1. Meine Tochter ist erst vier Jahre alt, aber sie _____ schon ihren Namen schreiben.

   Sie _____ jetzt in den Kindergarten gehen.

2. + Morgen ist Sonntag. Ich _____ nicht arbeiten, ich _____ ausschlafen.

   – Du hast es gut. Wir _____ morgen sehr früh aufstehen. Wir fahren um 6.31 Uhr
   mit dem Zug nach Bochum.

3. + _____ ich hier rauchen? – Nein, bitte nicht.

4. + Was _____ ihr am Wochenende machen?

   – Wir _____ unsere Kinder in Rosenheim besuchen.

5. Ich habe Probleme mit den Hausaufgaben. _____ du mir helfen?

6. Mein Sohn ist krank. Er _____ heute zum Arzt gehen.

2 Meine Kindheit. Sehen Sie sich die Zeichnungen an und ergänzen Sie die Modalverben
im Präteritum. 📖 B1/2

1. Mit fünf Jahren _____ ich schon

   schwimmen, aber ich _____
   noch nicht lesen.

2. Mit sieben _____ ich montags
   bis freitags in die Schule gehen, aber ich

   _____ mein Zimmer nicht
   aufräumen.

3. Mit 13 _____ ich jeden Tag

   Fußball spielen, aber ich _____
   keine Hausaufgaben machen.

4. Mit 16 _____ ich am Wochenende in die Disko gehen, aber ich

   _____ nicht später als 24 Uhr
   nach Hause kommen.

3 Tonio schreibt über seine Kindheit. Ergänzen Sie die Modalverben im Präteritum. Kontrollieren Sie mit der CD.

Mit sechs Jahren _____ ich schon lesen und ich _____ auch gern in

die Schule gehen und lernen. Nach der Schule habe ich viel Fußball im Park gespielt. Auf der Straße

_____ ich nicht spielen. Das haben meine Eltern nicht erlaubt, denn da waren zu

viele Autos. Zuerst bin ich gern in die Schule gegangen, aber später _____ ich immer

mehr Hausaufgaben machen. Das war manchmal schwer! Zu Hause _____ ich oft

auf meine kleine Schwester aufpassen. Mit 15 Jahren _____ ich im Fußballverein

jeden Tag Fußball spielen. Das hat viel Spaß gemacht! Mit 18 habe ich den Führerschein gemacht

und _____ mein erstes Auto fahren. Da war ich stolz!

B2 Modalverben im Präteritum

1 Ergänzen Sie die Modalverben im Präteritum. 📖 B2/2

1. + _____ du schon immer auf dem Land leben?

   – Nein, früher _____ ich in der Stadt wohnen. Da hatte ich viele Freunde.

2. + _____ ihr mit 14 in die Disko gehen?

   – Nein, wir _____ erst mit 16 in die Disko gehen.

3. + _____ du mit fünf schon schwimmen?

   – Ja, ich bin im Sommer mit meinen Eltern oft ins Schwimmbad gegangen.

4. + _____ ihr eurer Mutter helfen?

   – Ja, wir _____ oft helfen.

5. + _____ Sie früher auf Ihre Geschwister aufpassen?

   – Nein, aber meine Schwester _____ auf meine Brüder aufpassen.

6. + _____ dein Sohn schon mit fünf lesen? – Nein.

7. Als Kind _____ ich nicht zu Fuß zur Schule gehen. Ich _____ mit

   dem Bus fahren.

C1 In der Schule

1 Marina ist in der 9. Klasse. Ergänzen Sie ihre Fächer im Stundenplan am Montag und Dienstag.

📖 C1/4

	MONTAG	DIENSTAG
8.00 – 8.45	D_____	G_____
8.50 – 9.35	En_____	Mu_____
9.50 –10.35	C_____	B_____
10.40 –11.25	Wahl_____	F_____
11.40 –12.25	Er_____	R_____
12.30 –13.15	M_____	S_____
13.30 –14.15	P_____	S_____

2 Konstantin spricht mit Marina über ihren Stundenplan. Ergänzen Sie seine Fragen. 📖 C1/6

1. *Um wie viel Uhr* _____ ?
   Chemie beginnt am Montag um 9.50 Uhr.

2. _____ ?
   Sport dauert am Dienstag zwei Stunden.

3. _____ ?
   Physik hört um 14.15 Uhr auf.

4. _____ ?
   Geschichte habe ich am Dienstag, Donnerstag und Freitag.

5. _____ ?
   Musik haben wir zweimal pro Woche – am Dienstag und am Donnerstag.

6. _____ ?
   Ich habe drei Stunden Französisch pro Woche.

7. _____ ?
   Ich mag Englisch und Mathe.

3 Welches Wort passt nicht? Unterstreichen Sie.

1. Deutsch – Englisch – Biologie – Französisch
2. Kindheit – Test – Prüfung – Zeugnis
3. Volleyball – Musik – Basketball – Fußball
4. Bleistift – Füller – Kugelschreiber – Radiergummi
5. langweilig – furchtbar – blöd – toll
6. fröhlich – lustig – zufrieden – unzufrieden
7. wollte – müssen – konnte – durfte

4 Lösen Sie das Wörterrätsel.

1. In Deutschland müssen alle Kinder in die …
   gehen.
2. Im Fach … sind Zahlen sehr wichtig.
3. Kinder müssen nach dem Unterricht zu Hause
   oft … machen.
4. Schüler bekommen zweimal im Jahr ein …
5. Im Fach … lernen die Kinder lesen und schreiben.
6. Im Fach … ist die Vergangenheit das Thema.
7. Alle Kinder müssen in Deutschland … lernen.
   Die Sprache spricht man in England und in
   vielen anderen Ländern.
8. Im Fach … müssen die Kinder oft laufen.
9. Ein … unterrichtet die Schüler.
10. Viele Kinder lernen in Deutschland auch …
    Die Sprache spricht man in Paris.
11. … ist ein anderes Wort für Test.

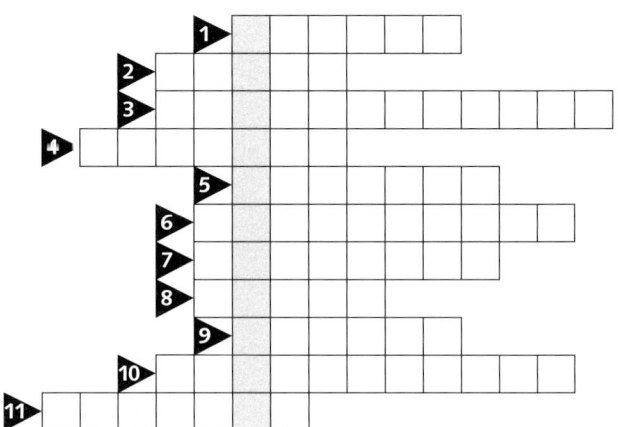

Lösung:
+ An welchen Tagen hast du Musik?
− Einen Moment, ich muss erst in meinem neuen _____ nachsehen.

2a/6 **5** Hören Sie die Interviews. Was sagen die Leute über ihre Schulzeit? Ergänzen Sie.

	Schule?	Lieblingslehrer?	Lieblingsfächer?
Frau Ahrens			
Herr Willard			
Frau Mutz			

C2 Nachhilfe für Mahmud

1 Lesen Sie den Text und kreuzen Sie an: richtig oder falsch? Sie müssen nicht jedes Wort verstehen. 📖 C2/5

Den Förderunterricht gibt es in kleinen Gruppen von ca. fünf Schülern. Die Schüler kommen an mehreren Tagen in der Woche zum Unterricht. Der Unterricht dauert zwei Schulstunden. Erfahrene Lehrer helfen den Schülern in ihren Problemfächern, machen mit ihnen Hausaufgaben und bereiten sie auf Prüfungen vor.

Lernen macht wieder Spaß!

Sprechen Sie mit uns!

Büroöffnungszeiten:
Montag bis Freitag von 14 bis 17 Uhr

Schülerhilfe ®

Seit fast dreißig Jahren gibt es die bekannte Nachhilfeorganisation. Heute gibt es schon fast 1000 Schülerhilfen für alle Fächer in Deutschland und Österreich.

	richtig	falsch
1. Schüler können Förderunterricht in Chemie und Physik bekommen.	☐	☐
2. Die Schüler lernen in kleinen Gruppen.	☐	☐
3. Die Schüler bekommen bei Hausaufgaben Hilfe von Lehrern.	☐	☐
4. Der Unterricht dauert 60 Minuten.	☐	☐
5. Man kann vormittags zur Schülerhilfe gehen.	☐	☐

2 Ergänzen Sie den Dialog mit den Wörtern im Kasten.

Zeugnis	fleißig	Test
Hausaufgabe	furchtbar	kontrollieren
Fehler	wiederholen	richtig

Nachhilfelehrer: Hallo, Thomas. Wie war die Schule heute? Warst du _____ ?

Thomas: Na ja, Bio war interessant. Aber der Englischunterricht war _____ .

Nachhilfelehrer: Wann ist der nächste _____ ?

Thomas: Nächste Woche. Hier ist meine _____ für morgen.

Können Sie sie bitte _____ ?

Nachhilfelehrer: Hier ist alles _____ . Da hast du keine _____ gemacht. Sehr gut.

Thomas: Können wir noch die Grammatik der letzten Lektion _____ ?

Nachhilfelehrer: Natürlich. Du bekommst bestimmt ein besseres _____ in diesem Jahr.

D Das Schulsystem in Deutschland

**1 Wie ist das Schulsystem in Ihrer Heimat? Schreiben Sie einen Text.
Die Fragen helfen Ihnen.** 📖 D/2

Wann gehen die Kinder in die Schule? – Von wann bis wann ist der Unterricht? – Lernen Mädchen und Jungen zusammen oder getrennt? – Wie lange gehen Kinder meistens in die Schule? – Wann wechseln sie von der Grundschule auf eine andere Schule? – Gibt es eine Abschlussprüfung?

Die Kinder in meiner Heimat gehen mit _____

_____

_____

_____

_____

E Als Kind wollte ich …

1 Sehen Sie sich die Zeichnungen an und ergänzen Sie *werden* im Perfekt. 📖 E/2

1. Die Suppe

_____

leider schon kalt

_____ .

2. Ihr

_____

aber groß

_____ !

3. Tut mir leid. Ich

_____

plötzlich sehr müde

_____ .

4. Hallo, Peter. Wann

_____

du Vater

_____ ?

5. Karl, glaubst du, wir

_____

alt

_____ ?

6. Was ist los?
Die Kinder

_____

plötzlich so ruhig

_____ .

2 Was wollten diese Leute als Kinder werden? Was sind sie geworden?

1. Herr Naftz und Herr Kaya

Sie wollten _____

_____

2. Andrea Kroll und Petra Schulz

_____

_____

3. Gavrilo Princip

_____

_____

4. Ayelino Souza

_____

_____

5. Willi Austermann

_____

_____

3 Hören Sie die CD. Was wollten die Leute werden und was sind sie geworden? Ergänzen Sie.

	Anja	Thomas	Marina
Berufswunsch als Kind?	_____	_____	_____
	_____	_____	_____
Warum?	_____	_____	_____
	_____	_____	_____
Heute?	_____	_____	_____
	_____	_____	_____

Alles klar?

1 Das Schulsystem in Deutschland. Schreiben Sie Sätze.

1. in Deutschland – gibt – Schulpflicht – es – die

_____

2. die Kinder – müssen – Jahren – Schule – in die – gehen – ab sechs

_____

3. in die Hauptschule – nach der 4. Klasse – auf die Realschule – oder auf das Gymnasium – die Schüler – gehen – können

_____

4. können – später – die Schule – auch – gute – wechseln – Schüler

_____

2 Schreiben Sie Sätze. Benutzen Sie die Modalverben in der richtigen Form.

1. schwimmen – mit sechs Jahren – ich – können – noch nicht

Mit sechs Jahren konnte ich noch nicht schwimmen.

2. mein Bruder – als Kind – nie – wollen – zu Hause sein – früh

_____

3. wollen – du – werden – Tänzerin – als Kind – ?

_____

4. morgen – ihr – müssen – arbeiten – lange – ?

_____

5. Heute – die Kinder – als früher – länger fernsehen – dürfen

_____

6. Sie – gestern – besser – können – schlafen – ?

_____

7. früher – können – ich – wenig Deutsch – sprechen

_____

3 Sprechen Sie zu zweit über Ihre Schulzeit. Notieren Sie zuerst Fragen.

> Wann? Wie lange? Wo? Was? Welche? Wie?
>
> Musstest du …? Durftest du …? Konntest du …? Hattest du …?
>
> Mussten Sie …? Durften Sie…? Konnten Sie … Hatten Sie …?

Wann bist du zur Schule gegangen?

Von 1986 bis 1996. Und du?

Konntest du viele Sprachen lernen?

4 a) **Ein Dialog. Welche Reaktion ist richtig? Kreuzen Sie an.**

1. Du wolltest mir doch schon gestern mein Buch zurückgeben. Hast du es mitgebracht?
a) ☐ Nein, aber ich kann es dir morgen leihen.
b) ☐ Ja, das musste ich nicht.
c) ☐ Tut mir wirklich leid. Ich habe es vergessen.

2. Weißt du, es ist wichtig. Ich muss für die Prüfung lernen und brauche das Buch!
a) ☐ Ich weiß, wie wichtig es für mich ist.
b) ☐ Ich kann gleich nach Hause fahren und es holen.
c) ☐ Natürlich brauche ich es.

3. Das ist nett von dir. Dann warte ich gegenüber im Café auf dich.
a) ☐ Gut. Aber ich habe keine große Lust. Das Café gefällt mir nicht und ich warte nicht gern.
b) ☐ Gut. Aber kann ich es vielleicht doch bis morgen früh haben? Ich muss doch auch für die Prüfung lernen.
c) ☐ Das ist eine gute Idee. Dann kannst du mir das Buch geben.

b) **Schreiben Sie den Dialog zu Ende und spielen Sie ihn im Kurs.**

A

Kindheit, die, * _____

fröhlich _____

aufpassen (+ auf jdn.) _____

Mädchen, das, - _____

nachdenklich _____

hinfahren, hingefahren _____

Traum, der, "-e _____

eigener, eigene, eigenes _____

stolz _____

vorher _____

Kilometer, der, - _____

Zaun, der, "-e _____

Straßenlaterne, die, -n _____

B1

erlauben _____

verbieten, verboten _____

Schulzeit, die, * _____

ruhig _____

überhaupt _____

Disko, die, -s _____

Tattoo, das, -s _____

B2

verschieden _____

C1

aufhängen _____

Fach, das, "-er _____

Schulfach, das, "-er _____

Stundenplan, der, "-e _____

stressig _____

total _____

wieso _____

Volleyball spielen _____

sowieso, sowieso _____

witzig _____

wenigstens _____

Mathe, * (Abk. für: Mathematik, die, *) _____

Ordnung, die, *, hier: in Ordnung _____

Bio, * (Abk. für: Biologie, die, *) _____

Erdkunde, die, * _____

dieser, diese, dieses _____

Rechnen, das, * _____

rechnen _____

nee (= nein) _____

Klassenlehrer/in, der/die, -/-nen _____

fleißig _____

eben _____

Zeugnis, das, -se _____

faul _____

Lust, die, * _____

Religion, die, -en _____

Chemie, die, * _____

Physik, die, * _____

Geschichte (2), die, * _____

C2

dass

schwach, schwächer,
am schwächsten

Kenntnis, die, -se

Fehler, der, -

fehlerfrei

Hauptproblem, das, -e

schwer

Lösung, die, -en

meinen

sitzenbleiben, sitzen
geblieben

kostenlos

nachfragen

Fortsetzung, die, -en

schauen

sicher

schaffen

D

System, das, -e

Schulsystem, das, -e

Grafik, die, -en

beenden

wechseln

Abschluss, der, "-e

Schulpflicht, die, *

staatlich

privat

verlassen, verlassen

E

Musiker/in, der/die, -/-nen

Pilot/in, der/die, -en/-nen

Tänzer/in, der/die, -/-nen

Astronaut/in, der/die,
-en/-nen

Pantomime, die, -n

raten, geraten

Alles klar

je

Erinnerung, die, -en

Streit, der, -e

Rennfahrer/in, der/die,
-/-nen

Fotograf/in, der/die,
-en/-nen

Schauspieler/in, der/die,
-/-nen

A1 **Ein Discman für Vladimir**

1 a) Was passt zusammen? Verbinden Sie. Notieren Sie die Nomen mit Artikel und
ergänzen Sie die Pluralformen. 📖 A1/1

Kühl	hörer	*der Kühlschrank, die* _____
Kopf	rekorder	_____
Radio	maschine	_____
Video	maschine	_____
Fern	beantworter	_____
Wasch	abteilung	_____
Kaffee	bedienung	_____
Elektro	wecker	_____
Anruf	maschine	_____
Spül	schrank	_____

b) Wo steht was? Ordnen Sie die Elektrogeräte in die Tabelle. Es gibt mehrere Möglichkeiten.
Kennen Sie noch andere Elektrogeräte? Ergänzen Sie.

Küche	Wohnzimmer	Schlafzimmer
_____	_____	_____
_____	_____	_____
_____	_____	_____
_____	_____	_____

2 Welches Wort passt nicht? Unterstreichen Sie.

1. Herd – Kühlschrank – Computer – Spüle
2. Fernseher – Videorekorder – Fernbedienung – Sofa
3. Radio – Handy – Telefon – Anrufbeantworter
4. Spülmaschine – Schrank – Waschmaschine – Kaffeemaschine
5. Discman – Angebot – CD – Kopfhörer

3 Wiederholung – Adjektivdeklination nach dem bestimmten Artikel. Ergänzen Sie.

Nominativ

1. Welch*er* Fernseher gefällt dir besser?

   (groß) *Der große.*

2. Welch____ Kaffeemaschine ist schöner?

   (weiß) _____

3. Welch____ Auto ist schneller?

   (grün) _____

4. Welch____ Schuhe sind bequemer?

   (braun) _____

Akkusativ

5. Welch____ Radiowecker möchten Sie?

   (klein) _____

6. Welch____ Waschmaschine soll ich kaufen?

   (billig) _____

7. Welch____ Hemd ziehst du heute Abend an?

   (blau) _____

8. Welch____ Socken nimmst du?

   (schwarz) _____

4 Was für ein … ist das? Fragen und antworten Sie.   A1/8

1. groß

\+ Was für eine Elektro-

   abteilung ist das?

\- Das ist eine

2. teuer

3. billig

4. günstig

5. neu

6. alt

7. kaputt

8. praktisch

9. gebraucht

5 Ergänzen Sie die Adjektive.

1. Die Brodskys brauchen eine _____ neue _____ Waschmaschine. (neu)

2. Mahmud möchte einen _____ Fernseher kaufen. (klein)

3. Die Yildirims haben eine _____ Kaffeemaschine, aber sie funktioniert. (alt)

4. Herr Marks hat gestern ein _____ Sofa gekauft. (schön)

5. Sie suchen einen _____ Computer für ihren Sohn. (billig)

6. Frau Chan braucht eine Waschmaschine. Sie sucht ein _____ Angebot. (günstig)

7. Frau Marks hat eine _____ Fernbedienung gekauft. (neu)

8. Wir suchen einen _____ Herd. (groß)

9. Er hat ein _____ Auto gekauft. (gebraucht)

10. Sie hat einen _____ Kopfhörer. (gut)

6 Dialoge im Kaufhaus. Ergänzen Sie – wenn nötig – die Endungen.

1. + Guten Tag. Ich suche ein_____ günstig_____ Radiowecker.

   – Wir haben hier ein_____ günstig_____ Angebot. Er kostet nur 19,99 €.

2. + Kann ich Ihnen helfen?

   – Ja, ich suche ein_____ schön_____ Jacke für meine Tochter.

   + Ein_____ dick_____ oder ein_____ dünn_____ Jacke?

3. + Wir möchten ein_____ neu_____ Videorekorder kaufen.

   – Hier haben wir ein_____ praktisch_____ Gerät und es ist nicht sehr teuer.

4. + Ich suche ein_____ groß_____ Wörterbuch Deutsch-Russisch. – Kein Problem.

7 a) **Arbeiten Sie mit Ihrem Partner / Ihrer Partnerin. Fragen und antworten Sie.**

Beispiele:
+ Was suchst/brauchst du? – Ich suche/brauche eine neue Kaffeemaschine.
+ Was für einen Rock möchtest du? – Einen langen.

Adjektive
günstig neu billig gut gebraucht groß klein bequem lang kurz weiß schwarz …

Elektrogeräte
Discman DVD-Player Kaffeemaschine Fernseher Videorekorder Computer Waschmaschine …

Möbel
Bett Sofa Regal Tisch Stuhl Lampe Schrank …

Kleider
Jacke Hose Hemd Mantel Bluse Rock Kleid Pulli …

---

b) **Was brauchen Sie? Schreiben Sie vier Sätze und benutzen Sie Adjektive.**

_____

_____

_____

_____

8 **Das ist kein … Ergänzen Sie.**

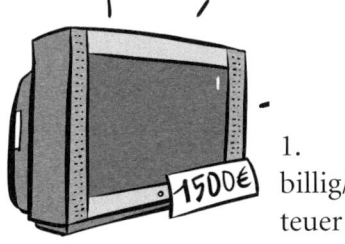
1. billig/ teuer

2. gebraucht/ neu

3. klein/ groß

Das ist kein billiger Fernseher. _____ _____

Das ist ein _____ _____ _____

4. schön/ hässlich

5. modern/ alt

6. kurz/ lang

_____ _____ _____

_____ _____ _____

9 Herr Griesgram berichtet. Ergänzen Sie die Endungen, wenn nötig.

1. Ich habe kein_____ modern_____ Wohnung.

2. Von meiner Wohnung habe ich auch kein_____

   schön_____ Aussicht.

3. Ich habe kein_____ schnell_____ Computer.

4. Ich habe kein_____ bequem_____ Bett.

5. Ich habe kein_____ groß_____ Kühlschrank.

6. Ich habe kein_____ neu_____ Auto.

7. Ich habe kein_____ lieb_____ Hund.

8. Ich habe kein_____ gut_____ Freunde.

9. Ich habe kein_____ interessant_____ Arbeit.

10. Ich habe kein_____ nett_____ Chef und auch

    kein_____ nett_____ Kollegen.

10 Beantworten Sie die Fragen.

Beispiele: + Haben Sie ein Haus? – Ja, ich habe eins. / Nein, ich habe keins.
            + Haben Sie CDs? – Ja, ich habe welche. / Nein, ich habe keine.

1. + Haben Sie einen Computer? – _____ .

2. + Haben Sie ein Auto? – _____ .

3. + Haben Sie eine Kaffeemaschine? – _____ .

4. + Haben Sie einen Discman? – _____ .

5. + Haben Sie ein Sofa? – _____ .

6. + Haben Sie eine Spülmaschine? – _____ .

7. + Haben Sie einen Kopfhörer? – _____ .

8. + Haben Sie einen Balkon? – _____ .

9. + Haben Sie Kinder? – _____ .

10. + Haben Sie Freunde in Deutschland? – _____ .

A2 Er funktioniert nicht ...

1 Was passt? Kreuzen Sie an. 📖 A2/3

1. Für elektrische Geräte gibt es immer …
a) ☐ eine Garantie.
b) ☐ einen Rabatt.
c) ☐ einen Kopfhörer.

2. Guten Tag! Ich …
a) ☐ will ein neues Gerät, aber schnell!
b) ☐ glaube, das Gerät funktioniert nicht.
c) ☐ will sofort mit Ihrem Chef sprechen!

3. In Deutschland kann man kaputte elektrische Geräte in der Garantiezeit …
a) ☐ umtauschen.
b) ☐ nicht umtauschen.

4. Beim Umtausch braucht man …
a) ☐ den Personalausweis.
b) ☐ die Polizei.
c) ☐ den Kassenbon.

B Auf der Post

1 Was passt zusammen? Verbinden Sie. 📖 B/3

das Paket	die Schlange
der Postschalter	per Luftpost
der Brief	der Paketschein
der Briefkasten	die Postkarte / der Brief

2 Sie möchten ein Päckchen an eine/n Verwandte/n oder an eine/n Freund/in in Ihrem Heimatland schicken. Füllen Sie den Päckchenschein aus.

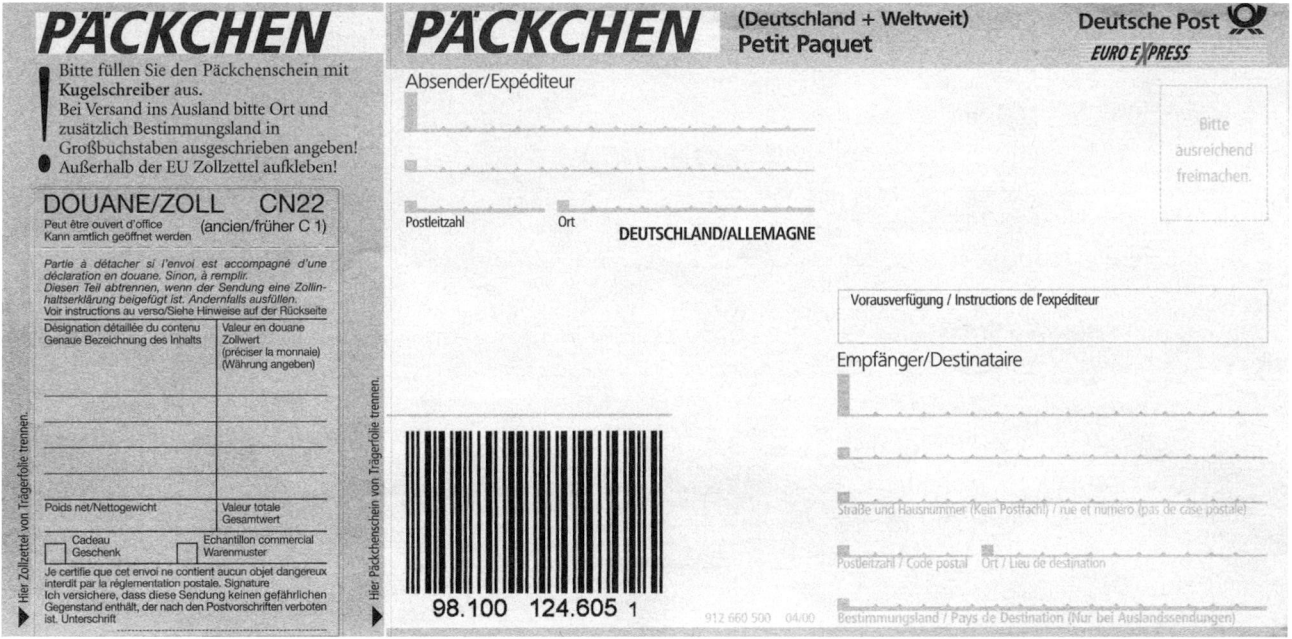

3 Auf der Post. Sehen Sie sich die Dialoggrafik an. Schreiben Sie einen Dialog und spielen Sie ihn im Kurs.

Kunde/Kundin	Postbeamter/Postbeamtin
Begrüßung	Begrüßung
Brief / Vietnam / wie viel?	Luftpost?
ja	Gewicht: 20 g / 1,50 €
wie lange?	in der Regel: 4–6 Tage
Briefmarken / 10 x 55 Cent	zusammen …
hier, bitte	danke
Verabschiedung	Verabschiedung

_____   →   _____

_____   ←

_____   →   _____

_____   ←

_____   →   _____

_____   ←

_____   →   _____

_____   ←

_____   →   _____

C1 Bei der Bank

1 Ergänzen Sie die Sätze mit den Verben im Kasten. Benutzen Sie das Perfekt. 📖 C1/2

wechseln	eröffnen	kontrollieren	anlegen	einzahlen
einrichten		abheben		überweisen

1. Sie hat ein Girokonto bei der Dresdner Bank _____ .

2. Er hat 100 € auf sein Sparkonto _____ .

3. Hast du deinen Kontostand schon _____ ?

4. Sie hat 50 € am Geldautomaten _____ .

5. Er hat seiner Familie im Libanon 200 € _____ .

6. Hast du den Dauerauftrag für die Miete schon _____ ?

7. Sie hat zehn Euro _____ .

8. Sie hat ein Sparbuch bei der Sparkasse _____ .

2 Was ist richtig? Kreuzen Sie an.

Mit einer EC-Karte kann man …

	richtig	falsch
1. … in vielen Geschäften bezahlen.	☐	☐
2. … weltweit ohne Gebühr Geld abheben.	☐	☐
3. … den Kontostand kontrollieren.	☐	☐
4. … per Handy telefonieren.	☐	☐
5. … an Geldautomaten Geld abheben.	☐	☐
6. … zum halben Preis mit dem Zug fahren.	☐	☐

3 Was möchten die Personen tun? Hören Sie die Dialoge und ergänzen Sie.

a/19

Person 1 _____

Person 2 _____

Person 3 _____

Person 4 _____

C2 Die Überweisung

1 Finden Sie im Suchrätsel zehn Wörter zum Thema *Geld* und *Bank*.
Notieren Sie sie mit Artikel und ergänzen Sie die Pluralformen. C2/1

O	F	F	E	A	S	P	I	L	M	E	Ü
B	L	E	B	R	P	U	S	T	Y	I	B
A	U	T	O	M	A	T	E	M	A	N	E
N	N	S	P	A	R	B	U	C	H	Z	R
K	C	H	I	L	K	Ö	N	I	B	A	W
I	K	U	H	Z	O	R	D	N	G	H	E
N	O	M	I	N	N	E	L	Ü	E	L	I
G	A	R	A	N	T	O	P	A	B	U	S
O	L	E	A	C	O	Ä	R	W	Ü	N	U
E	I	N	K	O	M	M	E	N	H	G	N
D	A	U	E	R	A	U	F	T	R	A	G
B	A	N	K	L	E	I	T	Z	A	H	L

Hast du deine Geheimzahl schon wieder vergessen?

1. _____   6. _____

2. _____   7. _____

3. _____   8. _____

4. _____   9. _____

5. _____   10. _____

C3 Über Geld spricht man nicht?!

1 Lesen Sie den Text und kreuzen Sie an: richtig oder falsch? 📖 C3/2

Über Geld spricht man nicht, Geld hat man!

Millionen Menschen bezahlen heute ihre Einkäufe mit Kreditkarten. Zu Hause hat man dann ein gutes Gefühl. Man hat viele schöne Sachen eingekauft, aber man hat ja kein Geld ausgegeben. Am Ende vom Monat muss man aber die Einkäufe doch bezahlen. Dann ist man natürlich sehr frustriert. Es war alles doch sehr teuer. In dieser Situation muss man natürlich wieder einkaufen gehen. Dann geht es den meisten Menschen wieder gut – bis sie wieder für die Einkäufe bezahlen müssen.

	richtig	falsch
1. Sehr viele Menschen benutzen heute Kreditkarten.	☐	☐
2. Nach dem Einkauf mit einer Kreditkarte geht es den meisten Menschen nicht sehr gut.	☐	☐
3. Am Ende vom Monat sind viele Menschen frustriert und sie gehen dann einkaufen.	☐	☐

D Der Münstermarkt

1 Ergänzen Sie die Adjektive. Es gibt mehrere Möglichkeiten. 📖 30/3

französisch	grün	heiß	frisch	deutsch	süß	kalt	italienisch	gesund

1. _französischer_ Käse
2. _____ Fisch
3. _____ Obst
4. _____ Würste
5. _____ Getränke
6. _____ Suppe
7. _____ Erdbeeren
8. _____ Salat
9. _____ Kirschen
10. _____ Tomaten

2 **Ergänzen Sie die Adjektive in der richtigen Form.**

1. + Wie war der Urlaub? – Toll. Wir hatten nur _____ (gut) Wetter.

2. Auf der Party lernen wir bestimmt _____ (nett) Leute kennen.

3. Sie verkauft _____ (alt) Möbel und _____ (gebraucht) Kleidung.

4. Morgens trinke ich _____ (schwarz) Kaffee mit _____ (warm)

   Milch. Meine Frau trinkt _____ (grün) Tee.

5. Ich esse _____ (holländisch) Käse sehr gern.

6. In dem Geschäft haben sie _____ (niedrig) Preise.

7. Heute im Angebot: Forelle mit _____ (neu) Kartoffeln.

8. Zum Nachtisch gibt es Eis mit _____ (frisch) Obst.

3 **Ein Flohmarkt. Was verkaufen die Leute? Schreiben Sie Sätze und benutzen Sie Adjektive.**

| lustig | alt | schön | komisch | toll | hässlich | bunt | furchtbar | bequem | praktisch | kaputt | … |

1 Ergänzen Sie den Dialog und spielen Sie ihn.

+ Entschuldigung, _____ .

– Gehen Sie in den zweiten Stock, links. Da ist die Elektroabteilung.

+ Guten Tag, ich habe gestern einen Videorecorder gekauft. Er funktioniert nicht.

– _____

+ Ich weiß nicht, er nimmt überhaupt nicht auf.

– _____

+ Natürlich habe ich ihn eingeschaltet. Aber nicht mit der Fernbedienung, sondern …

– _____

+ Ja, ich habe sie dabei. Hier ist die Fernbedienung.

– _____

+ Meinen Sie wirklich? Ja, Sie haben Recht. Wie dumm von mir. Das ist die Fernbedienung
   von meinem alten Videorecorder.

2 a) Was passt? Kreuzen Sie an.

	kaufen	eröffnen	wechseln	überweisen	bezahlen	umtauschen	ausfüllen
die Miete	☐	☐	☐	☒	☒	☐	☐
ein Gerät	☐	☐	☐	☐	☐	☐	☐
Briefmarken	☐	☐	☐	☐	☐	☐	☐
ein Konto	☐	☐	☐	☐	☐	☐	☐
ein Formular	☐	☐	☐	☐	☐	☐	☐
Geld	☐	☐	☐	☐	☐	☐	☐

b) Schreiben Sie mit den Wörtern Sätze.

Gestern habe ich die Miete überwiesen.
Morgen bezahle ich die Miete.

3 Was ist richtig? Kreuzen Sie an.

1. Ich habe … Waschmaschine gekauft.
a) ☐ neue
b) ☐ eine neue
c) ☐ einen neuen

2. Bringst du … Gemüse vom Markt mit?
a) ☐ frische
b) ☐ frischen
c) ☐ frisches

3. Das ist kein … Videorecorder.
a) ☐ teure
b) ☐ teurer
c) ☐ teures

4. Der … Herd war nicht …
a) ☐ neue / billig
b) ☐ neue / billige
c) ☐ neuen / billig

5. Der Kaffee schmeckt mir nicht. Er ist zu …
a) ☐ kalter
b) ☐ kalte
c) ☐ kalt

6. In der Zeitung gibt es … Angebote.
a) ☐ einen günstigen
b) ☐ ein günstiges
c) ☐ günstige

4 a) **Ergänzen Sie die Adjektivendungen.**

1
Fast neu_____ Waschmaschine.
Hat noch ein ganz_____ Jahr Garantie.
Rufen Sie an! Tel.: 0551/452231

4
Schick_____ rot-weiß_____ Discman.
Spielt Ihre CDs in sehr gut_____ Qualität.
Tel.: 0172/20315508

2
Günstig_____ Angebot:
Verkaufe groß_____ Kühlschrank.
Tel.: 0611/234555

5
Haben Sie morgens auch groß_____ Probleme?
Der neu_____ Radiowecker von Sonus hilft Ihnen.
Tel: 0242/42232

3
Brauchen Sie einen neu_____ Fernseher?
Mit praktisch_____ Fernbedienung?
Tel.: 089/283345

5
Lust auf einen lecker_____ Espresso?
Kaufen Sie doch die modern_____
Kaffeemaschine von Philippi. Ganz billig.
Tel.: 069/346662

b) **Spielen Sie kleine Dialoge am Telefon.**

Rufen Sie an und fragen Sie nach den Preisen. Vielleicht wollen Sie das Gerät ja kaufen?
Machen Sie dann einen Termin.

Preise:	Waschmaschine 200 Euro	Kühlschrank 80 Euro	Fernseher 120 Euro
	Discman 15 Euro	Radiowecker 20 Euro	Kaffeemaschine 49 Euro

Beispiel:
Guten Tag. Ich habe Ihre Anzeige in der Zeitung gelesen. Sie möchten einen/eine/ein … verkaufen.
Das Angebot ist interessant. Wie teuer ist …?

c) **Möchten Sie auch etwas verkaufen? Schreiben Sie selbst eine Anzeige.**

A1

Discman, der, -s _____

Fernbedienung, die, -en _____

Kopfhörer, der, - _____

Videorekorder (auch: Videorecorder), der, - _____

Radiowecker, der, - _____

Elektroabteilung, die, -en _____

alt, älter, am ältesten _____

Gerät, das, -e _____

Garantie, die, -n _____

Silber, das, * _____

günstig _____

dazu _____

denken (+ an + Akk.), gedacht _____

unbedingt _____

verpacken _____

DVD-Player, der, - _____

Radio, das, -s _____

gebraucht (2) _____

A2

angehen, angegangen _____

umtauschen _____

Recht haben _____

irgendwas _____

Kassenbon, der, -s _____

dabei _____

testen _____

Steckdose, die, -n _____

ach _____

einschalten _____

ausmachen _____

Gutschein, der, -e _____

B

Postschalter, der, - _____

Briefmarke, die, -n _____

Luftpostbrief, der, -e _____

einpacken _____

Päckchen, das, - _____

Landweg, der, * _____

wiegen, gewogen _____

per (z. B. Luftpost) _____

dafür _____

Regel, die, -n, hier: in der Regel _____

reichen _____

also _____

C1

Konto, das, Pl.: Konten _____

eröffnen _____

Sparbuch, das, "-er _____

anlegen _____

Kontostand, der, "-e _____

Sparkonto, das, Pl.: Sparkonten _____

einzahlen _____

Bargeld, das, * _____

Automat, der, -en _____

abheben, abgehoben _____

Gebühr, die, -en _____

Girokonto, das, Pl.: Girokonten _____

EC-Karte, die, -n _____

überweisen, überwiesen _____

Bankleitzahl, die, -en _____

Dauerauftrag, der, "-e _____

regelmäßig _____

Einkommen, das, - _____

Verein, der, -e _____

einrichten _____

C2

Beitrag, der, "-e _____

Quartal, das, -e _____

C3

auskommen,
ausgekommen _____

sparen _____

Alter, das, * _____

trotzdem _____

mieten _____

paar, (ein paar) _____

Schulden, Pl. _____

daran _____

knapp _____

Hälfte, die, -n _____

Urlaub, der, -e _____

genug _____

zurücklegen _____

eigentlich _____

Kredit, der, -e _____

aufnehmen, aufgenommen _____

Rate, die, -n _____

unangenehm _____

frustriert (sein) _____

D

Spielzeug, das, * _____

Spargel, der, - _____

Kirsche, die, -n _____

handgemacht _____

Holz, das, "-er (= Sorten) _____

besonders _____

Frucht, die, "-e _____

genießen, genossen _____

geben, gegeben, hier:
es gibt _____

sondern _____

reif _____

Vanille, die, * _____

Stand, der, "-e _____

Blick, der, -e _____

Stadtmitte, die, * _____

dorthin _____

Treffpunkt, der, -e _____

üblich _____

Stadtrand, der, * _____

Alles klar

Zettel, der, - _____

Mütze, die, -n _____

tiefgefroren _____

grob, gröber, am gröbsten _____

Knoblauch, der, * _____

Spinat, der, * _____

Sorte, die, -n _____

A Mein Arbeitsplatz

1 a) **Wiederholung – Berufe. Sehen Sie sich die Bilder an und hören Sie die CD. Notieren Sie die Berufe mit Artikel.**

2a/27

b) **Was bin ich? Ergänzen Sie die Berufe.**

1. Ich arbeite in der Küche in einem Restaurant.

   Ich bin Koch.

2. Ich unterrichte an einem Gymnasium.

3. Ich fahre jeden Tag zehn Stunden. Ich warte meistens am Bahnhof auf Fahrgäste.

4. Wir haben 25 Kühe und machen Käse.

5. Ich arbeite draußen und baue Straßen.

6. Ich stehe jeden Tag sehr früh auf und backe Brot und Kuchen.

7. Ich arbeite in einem Büro und schreibe viele Briefe.

8. Ich arbeite in einem Kindergarten.

9. Ich arbeite in der Elektroabteilung in einem Kaufhaus.

2 Ergänzen Sie die Sätze. 📖 A/4

Teilzeit	Nachtdienst	Gehalt	Studium	Kollegen	Firma	Recht
Stundenlohn		Überstunden	Schichtarbeit	Stress	Team	

1. + Verdienst du viel? – Ja, ich habe ein gutes _____ .

2. Ich muss viel arbeiten. Letzte Woche hatte ich 12 _____ .

3. Ich bin Krankenschwester und arbeite auch nachts, aber im letzten Monat hatte ich keinen

   _____ .

4. + Arbeitest du in einem _____ ?

   – Ja, ich arbeite mit vier _____ zusammen.

5. Als Verkäuferin hat man immer viel zu tun. Aber jetzt ist Sommerschlussverkauf und da haben

   wir noch mehr _____ .

6. In dieser Woche arbeite ich von 6.00 bis 15.30 Uhr und in der nächsten Woche von 15.30

   bis 24.00 Uhr. _____ ist anstrengend.

7. + Arbeiten Sie 38,5 Stunden in der Woche?

   – Nein, ich arbeite _____ : nur 19 Stunden pro Woche.

8. Mein Job ist nicht schlecht bezahlt. Ich bekomme einen _____ von 9,50 €.

9. + Wie viele Leute arbeiten in deiner _____ ? – Mehr als 200.

10. Faruk studiert in Deutschland. Für sein _____ braucht er Geld.

11. Muhammed ist Jurist, aber das deutsche _____ kennt er noch nicht so gut.

3 Ergänzen Sie das Gegenteil.

1. Anfang ≠ _____   5. Importfirma ≠ _____

2. sauber ≠ _____   6. weich ≠ _____

3. Vorteil ≠ _____   7. langweilig ≠ _____

4. schwierig ≠ _____   8. Tag ≠ _____

4 **Wiederholung – Adjektive. Ergänzen Sie – wenn nötig – die Endungen.**

1. Pia hat ein_____ streng_____ Chef.

2. Die Firma sucht ein_____ freundlich_____ Kollegin.

3. Doris hat zwei Kinder und braucht deshalb flexibl_____ Arbeitszeiten.

4. Karim ist Bauarbeiter. Das ist ein_____ hart_____ Arbeit.

5. Karla ist Lehrerin. Das ist ein_____ interessant_____ Beruf.

6. Wir suchen ein_____ fleißig_____ Sekretärin mit gut_____ Computerkenntnissen.

7. Wir sind ein_____ nett_____ Team.

8. Herr Prinz übt ein_____ anstrengend_____ Beruf aus.

9. Ewa pflegt krank_____ Menschen.

10. Der Chef hat ein_____ groß_____ Büro.

5 **Lesen Sie die Texte und ordnen Sie die Begriffe zu.**

Nachtdienst	Teilzeitarbeit	Überstunden	Schichtarbeit

Normalerweise arbeite ich von 8 bis 16.30 Uhr. Wir haben aber oft sehr viel Arbeit und dann bleibe ich auch länger, bis 18 oder 19 Uhr.

Ich bin Kranken-schwester. Mal arbeite ich von 6 bis 14 Uhr, mal von 14 bis 22 Uhr, mal von 22 bis 6 Uhr. Das ist nicht immer einfach.

1. _____ 2. _____

Ich habe zwei Kinder und deshalb arbeite ich nur vormittags von 8 bis 13 Uhr.

Ich bin Taxifahrer und arbeite gern nachts. Ich fange um 22 Uhr an und fahre bis morgens um 6 Uhr. Dann schlafe ich lange!

3. _____ 4. _____

6 Was passt zusammen? Verbinden Sie und notieren Sie die Nomen mit Artikel. 📖 A/6

Über	dienst	die Überstunde
Arbeits	stunde	_____
Arbeits	arbeit	_____
Nacht	lohn	_____
Zeit	platz	_____
Export	geber	_____
Stellen	amt	_____
Arbeit	anzeige	_____
Arbeits	firma	_____
Stunden	zeit	_____

7 Was ist positiv und was ist negativ bei der Arbeit? Sammeln Sie mit Ihrem Partner / Ihrer Partnerin.

positiv ☺

nette Kollegen und Kolleginnen _____

_____

_____

_____

_____

_____

negativ ☹

viel Stress _____

_____

_____

_____

_____

_____

8 Schreiben Sie die Ergänzungen in eine Tabelle. Es gibt mehrere Möglichkeiten.

freundlich	interessant	anstrengend	selbstständig	langweilig	schwer
streng	nett	hart	unfreundlich	draußen	ungeduldig

Der Chef / die Chefin ist ...	Die Arbeit ist ...	Die Kollegen sind ...

9 Sehen Sie sich die Bilder an und schreiben Sie einen kurzen Text über Claudia Beck.

Wie ist die Firma / die Arbeit / das Gehalt / der Weg zur Arbeit / die Chefin / …?
Wie sind die Kollegen / die Arbeitszeiten / …?

_____

_____

_____

_____

_____

B Es gibt viel zu tun!

1 Verben mit Präpositionen. Ergänzen Sie die Präposition und den Kasus (Akkusativ oder Dativ). 📖 B/3

an	an	auf	auf	mit	mit	nach	~~über~~	über	um

1. reden   *über + Akkusativ* _____   6. informieren _____

2. telefonieren _____   7. hoffen   _____

3. anfangen   _____   8. bitten   _____

4. schreiben   _____   9. erinnern   _____

5. fragen   _____   10. warten   _____

2 Was passt zusammen? Verbinden Sie.

Er wartet 1 ——————— a auf seinen Chef.
Sie telefoniert 2   b um Hilfe.
Sie gratuliert ihrem Mann 3   c über die Arbeit.
In der Mittagspause reden wir oft 4   d mit einem Test.
Der Schüler bittet den Lehrer 5   e mit ihrer Kollegin.
Der Unterricht beginnt 6   f zum Geburtstag.

3 Was hat Herr Fraus gestern gemacht? Sehen Sie sich die Bilder an und schreiben Sie Sätze.

gratulieren zu – bitten um – schreiben an – träumen von – telefonieren mit –
informieren über – erinnern an – sprechen über

1. _Herr Fraus hat mit_

   Frau Kister _____

   _____

   _____

2. _____

   _____

   _____

   _____

3. _____

   _____

   _____

   _____

4. _____

   _____

   _____

   _____

5. _____

   _____

   _____

   _____

6. _____

   _____

   _____

   _____

7. _____

   _____

   _____

   _____

8. _____

   _____

   _____

   _____

4 Ergänzen Sie die Sätze mit den Verben im Kasten und den passenden Präpositionen.

> anfangen   ~~aufpassen~~   bitten   informieren   schreiben   sprechen   telefonieren   warten

1. Eva ist Erzieherin. Sie ___*passt auf*___ die Kinder ___*auf*___ und spielt mit ihnen.

2. Bernd ist Lehrer. Am Montag und Mittwoch _____ er um 9 Uhr _____

   dem Unterricht _____ .

3. André arbeitet in einer Exportfirma. Er _____ sehr oft _____
   Geschäftspartnern im Ausland.

4. Ulrike arbeitet im Reisebüro. Sie _____ ihre Kunden _____ günstige
   Reiseangebote.

5. Claudia arbeitet in einem Büro und _____ jeden Tag viele Briefe _____
   die Kunden.

6. Frank ist Verkäufer für Elektrogeräte. Er _____ gern mit seinen Kunden

   _____ die neuen Geräte im Geschäft.

7. Frau Fromm arbeitet in einer Hausverwaltung. Die Mieter _____ sie oft

   _____ Hilfe bei Problemen.

8. Herr Geisler hat einem Kunden eine E-Mail geschrieben. Er _____ jetzt

   _____ eine Antwort.

5 Schreiben Sie Sätze.

Beispiel: Chef – schreiben – Brief – Firma Impex → Der Chef schreibt einen Brief an die Firma Impex.

1. Lehrerin – erinnern – Schüler – Test – am Montag

   _____

2. Kunde – bitten – Antwort – schnell

   _____

3. Frau Hauck – informieren – Kollegen – Projekt – neu

   _____

4. Hund – aufpassen – Haus

   _____

5. Katja – anfangen – um 8.00 Uhr – Arbeit

_____

6. Sekretärin – antworten – Brief

_____

6 **Schreiben Sie Sätze im Perfekt und benutzen Sie die Verben mit den Präpositionen.**

auf	an	mit	nach	von	zu

1. fragen   *Ich habe den Verkäufer nach dem Preis gefragt.* _____

2. hoffen   _____

3. beginnen   _____

4. warten   _____

5. träumen   _____

6. telefonieren   _____

7. schreiben   _____

8. anfangen   _____

9. aufpassen   _____

10. gratulieren   _____

7 **Was haben Sie letzte Woche gemacht? Schreiben Sie Sätze.**

1. warten   *Ich habe am* _____

_____

2. diskutieren   _____

_____

3. lachen   _____

_____

4. träumen   _____

_____

C Ausländische Arbeitnehmer in Deutschland

1 **Sehen Sie sich noch einmal die Grafik im Kursbuch C/1 an und beantworten Sie die Fragen.** 📖 C/2

1. Wie viele Ausländer arbeiten in Deutschland?

_____

_____

2. Aus welchem Land kommen die meisten ausländischen Arbeitnehmer?

_____

_____

Kollege Ausländer
In Deutschland sind 1,97 Millionen Ausländer
beschäftigt

Aus diesen Ländern

Türkei	563 900
Italien	203 300
Jugoslawien	199 600
Griechenland	113 600
Frankreich	81 200
Österreich	63 300
Kroatien	61 900
Polen	52 900
Portugal	47 900
Spanien	41 800
Niederlande	33 900
Großbritannien	32 000
Bosnien-Herzegowina	29 100
Russ. Föderation	26 700
andere	422 900

In diesen Branchen

695 400	Industrie
261 700	Immobilien, Vermietung
240 000	Handel
160 000	Gastgewerbe
142 800	Bau
137 600	Gesundheits- u. Sozialwesen
114 100	Verkehr
77 400	sonstige Dienstleistungen
46 400	Erziehung u. Unterricht
40 900	Öffentliche Verwaltung u.a.
25 500	Kredit- u. Versicherungsgewerbe
17 200	Land- u. Forstwirtschaft
9 200	Bergbau
5 800	sonstiges

Quelle: BA   Stand Ende 2001   7488 © Globus

3. In welcher Branche arbeiten 240 000 Arbeitnehmer?

_____

4. Aus welchem Land kommen ca. 42 000 Ausländer?

_____

5. Wie viele Ausländer arbeiten auf dem Bau?

_____

6. Wie viele Arbeitnehmer kommen aus Polen?

_____

2 **Wo kann man arbeiten? Ergänzen Sie die Präpositionen *an, auf, bei* oder *in* und – wenn nötig – die bestimmten oder unbestimmten Artikel.** 📖 C/3

Er/Sie arbeitet …

1. *bei*_____ Siemens.

2. _____ Bau.

3. _____ Krankenhaus.

4. _____ Commerzbank.

5. _____ Bäckerei.

6. _____ Schule.

7. _____ Post

8. _____ Mannheim.

9. _____ Fließband.

10. _____ Opel.

11. _____ Büro.

12. _____ Land.

D Ist das Arbeit?

1 a) Sehen Sie sich das Foto an. Ist das ein typischer Beruf für Frauen? 📖 D/3

Traumberuf Tischlerin

Tanja ist sechzehn und beendet in diesem Jahr die Schule. Ihr Traumberuf ist Tischlerin. Sie liebt die Arbeit mit Holz und möchte später eine eigene Werkstatt haben. Ihre Eltern finden das gar nicht gut. „Eine Arbeit in einem Büro ist doch viel besser", sagt ihr Vater. „Ja", sagt auch die Mutter, „Tischlerin ist doch kein Beruf für ein Mädchen, und im Büro machst du dich auch nicht so schmutzig!" Aber Tanja findet eine Arbeit im Büro viel zu langweilig. Sie ist ganz sicher: Sie will Tischlerin werden!

b) Lesen Sie den Text und schreiben Sie die Sätze zu Ende.

Tanja …

ist _____

liebt _____

möchte _____

findet _____

will _____

c) Lesen Sie den Text noch einmal und kreuzen Sie an: richtig oder falsch?

	richtig	falsch
1. Tanja ist Schülerin.	☐	☐
2. Tanja möchte eine Tischlerwerkstatt haben.	☐	☐
3. Die Eltern von Tanja finden den Beruf Tischlerin für Tanja gut.	☐	☐
4. In einer Tischlerwerkstatt macht man sich schmutzig.	☐	☐
5. Tanja findet Büroarbeit interessant.	☐	☐

1 a) **Was passt zusammen? Manchmal gibt es mehrere Möglichkeiten.**

Überstunden ☐1
einen Beruf ☐2
Geld ☐3
im Team ☐4
eine E-Mail ☐5
kranke Menschen ☐6
einen Kurs ☐7
Schicht ☐8

☐a pflegen
☐b schreiben
☐c besuchen
☐d machen
☐e verdienen
☐f ausüben
☐g arbeiten

b) **Schreiben Sie Sätze.**   *Ich besuche einen Kurs.*

2 **Was ist richtig? Kreuzen Sie an.**

1. Ich habe schon zweimal … dem Weg gefragt.
a) ☐ für
b) ☐ nach
c) ☐ über

2. Ich warte … dich.
a) ☐ auf
b) ☐ für
c) ☐ zu

3. Meine Freunde diskutieren gern … Politik.
a) ☐ auf
b) ☐ über
c) ☐ um

4. Ich gratuliere dir … Geburtstag.
a) ☐ auf dem
b) ☐ für den
c) ☐ zum

5. Ich erinnere meine Kinder … die Hausaufgaben.
a) ☐ an
b) ☐ für
c) ☐ über

6. Ich träume … einer guten Arbeit.
a) ☐ nach
b) ☐ über
c) ☐ von

7. Hast du gestern … deiner Schwester telefoniert?
a) ☐ mit
b) ☐ nach
c) ☐ zu

8. Ich danke dir … deine Einladung.
a) ☐ für
b) ☐ über
c) ☐ von

3 Dativ oder Akkusativ? Was ist richtig? Unterstreichen Sie.

1. Ich erinnere mich gern an <u>dich</u> / dir.
2. Ich warte heute Abend auf Sie / Ihnen.
3. Wir haben den ganzen Tag über dich / dir geredet.
4. Ich telefoniere morgen mit dich / dir.
5. Ich rufe dich / dir morgen an.
6. Ich beginne um 7 Uhr mit die Arbeit / der Arbeit.
7. Wo warst du denn? Ich habe überall nach dich / dir gefragt.
8. Kann ich morgen mit Sie / Ihnen telefonieren?
9. Kann ich Sie / Ihnen morgen anrufen?
10. Ich gratuliere dir zu deinem / zu deinen Geburtstag. Alles Gute!

4 a) Frau Schneider hat einen sehr ungeduldigen Chef. Ordnen Sie den Dialog zwischen Frau Schneider und ihrem Chef, Herrn Maibach.

Herr Maibach

[1] Frau Schneider, haben Sie schon die E-Mail an die Firma Kramer geschrieben?

[ ] Na ja, Frau Schneider. Das ist jetzt nicht so wichtig. Ich kann mir das Fax auch in zwei Tagen ansehen. Jetzt muss ich gehen. Ich habe mir morgen einen Tag Urlaub genommen.

[ ] Und warum habe ich die Antwort noch nicht? Zeit ist Geld!

[ ] Ja, was ist mit dem Fax von der Firma Klepp? Ist das schon gekommen?

[ ] Oh, das habe ich ganz vergessen. Vielen Dank für die Erinnerung. Und entschuldigen Sie. Ich weiß, ich war sehr ungeduldig.

Frau Schneider

[ ] Aber Herr Maibach, Moment. Morgen haben Sie einen wichtigen Termin mit der Firma Ullmann. Um 15 Uhr.

[ ] Ja, das habe ich gemacht. Sie haben auch schon geantwortet.

[ ] Herr Maibach, sie haben erst vor einer Minute geantwortet. Ich wollte Ihnen die Mail mit der Antwort gerade zeigen. Und die Firma Klepp …

[ ] Ist schon in Ordnung, Herr Maibach. Wir haben alle im Augenblick sehr viel Stress.

[ ] Nein, immer noch nicht. Ich wollte Frau Klepp deshalb gerade anrufen.

b) Lesen Sie den Dialog zu zweit.

c) Spielen Sie den Dialog auch mit anderen Sätzen.

Chef
Haben Sie schon Herrn Santers an die Rechnung erinnert?   … mit Frau Müller telefoniert? Haben Sie schon das Hotel für meine Reise gebucht?   Und warum …?

Sekretärin
Ja, natürlich. Ja, das habe ich schon gemacht. Nein, tut mir leid, ich hatte noch keine Zeit.

A

Arbeitsplatz, der, "-e _____

Anfang, der, *hier nur Singular* _____

Zeitarbeit, die, * _____

Firma, die, *Pl.:* Firmen _____

Import, der, -e _____

Export, der, -e _____

Überstunde, die, -n (*meistens Pl.*) _____

Jurist/in, der/die, -en/-nen _____

ausüben (*etw.*) _____

Recht, das, * _____

schwierig _____

gehören _____

einfach _____

Studium, das, *Pl.:* Studien _____

Bau, der, *, hier: auf dem Bau _____

streng _____

Team, das, -s _____

verstehen (2) (sich + mit + *Dat.*), verstanden _____

nachts _____

hart, härter, am härtesten _____

pflegen _____

Schicht, die, -en _____

Nacht, die, "-e _____

Dienst, der, -e _____

Nachtdienst, der, -e _____

interessant _____

Kontakt, der, -e _____

Station, die, -en _____

Vorteil, der, -e _____

Nachteil, der, -e _____

nachschlagen, nachgeschlagen _____

Karriere, die, -n _____

Chance, die, -n _____

selbstständig _____

Stress, der, * _____

flexibel, flexibler, am flexibelsten _____

Teilzeit, die, * _____

Gehalt, das, "-er _____

Lohn, der, "-e _____

Punkt, der, -e _____

berichten (+ über + *Akk.*) _____

Statistik, die, -en _____

Fahrer/in, der/die, -/-nen _____

Stelle, die, -n _____

Stellenanzeige, die, -n _____

Praxis, die, *Pl.:* Praxen _____

Bezahlung, die, * _____

notwendig _____

interessieren (sich + für + *Akk.*) _____

B

Notizzettel, der, - _____

erinnern (jdn.) (+ an + *Akk.*) _____

Planung, die, -en _____

Einladung, die, -en _____

danken (+ für + *Akk.*) _____

Rechnung, die, -en _____

Fax, das, -e _____

Projekt, das, -e _____

auswendig _____

hoffen (+ auf + *Akk.*) _____

gratulieren (+ zu + *Dat.*) _____

C

Arbeitnehmer/in, der/die, -/-nen

Branche, die, -n

beschäftigen

Industrie, die, -n

Immobilie, die, -n

Vermietung, die, *

Handel, der, *

Gewerbe, das, -

Gastgewerbe, das, *

**Gesundheits- und Sozial-
wesen,** das, *

sonstig, Sonstiges

Dienstleistung, die, -en

Erziehung, die, *

öffentlich

u. a. (Abk. für: und andere/s)

Land- und Forstwirtschaft,
die, *

Bergbau, der, *

Mechaniker/in, der/die, -/-nen

Redemittel, das, -

Million, die, -en

Kranke, der/die, -n

Beschäftigte, der/die, -n

vor allem

Zuwanderer/Zuwanderin,
der/die, -/-nen

Arbeitsgenehmigung, die, -en

Stellensuche, die, *

Zentrum, das, Pl.: Zentren

Profil, das, -e

Service, der, *

Suchmaschine, die, -n

vermieten (etw. + an + Akk.)

Arbeitskraft, die, "-e

Unterstützung, die, -en

sozial

Institution, die, -en

D

Argument, das, -e

Putzmann/Putzfrau,
der/die, "-er/-en

Angestellte, der/die, -n

Kindergärtner/in, der/die, -/-nen

Politiker/in, der/die, -/-nen

normal

Alles klar

Tätigkeit, die, -en

A Mediennutzung in Deutschland

1 **Lösen Sie das Wörterrätsel.** 📖 A/4

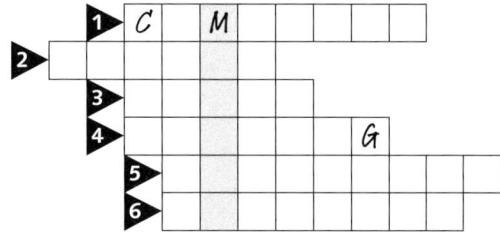

1. Die … werden immer schneller und der eigene ist immer schon alt.
2. Ich habe als Kind viele … gelesen. Heute lese ich weniger, weil die Zeit fehlt.
3. Das … läuft den ganzen Tag. Aber oft höre ich gar nicht zu.
4. Wo hast du die … hingelegt? Ich brauche Papier für meine nassen Schuhe.
5. Im … gibt es heute Abend keinen interessanten Film. Wollen wir etwas spielen?
6. + Hast du schon mal etwas im … gekauft?
   – Nein, ich habe keinen Computer.

Lösung: Die Deutschen nutzen viele unterschiedliche _____ .

2 **Ergänzen Sie die Aussagen zur Grafik im Kursbuch A/1.**

| lesen   Zeitschriften   Medium   Internet   Entspannung   nutzen   Computer   Hörfunk |

Mindestens acht Stunden pro Tag _____ die Deutschen ihre Medien

zur Information und _____ . Davon sehen sie ca. drei Stunden fern,

den _____ nutzen sie sogar dreieinhalb Stunden täglich. Fast eine

Stunde am Tag _____ sie Zeitungen, _____

oder Bücher. Nur ungefähr eine Viertelstunde sitzen sie am _____

und surfen im _____ . Aber immer mehr Leute finden dieses

_____ interessant.

B1 Ein Fernseher ist aus dem Fenster geflogen

1 a) Wiederholung – die Konjunktionen *denn, aber, und.* Was passt?
Schreiben Sie Sätze wie im Beispiel.

Beispiel:
wir – heute – können – sehen – kein Film / der Fernseher – kaputt – sein
→ Wir können heute keinen Film sehen, denn der Fernseher ist kaputt.

1. wir – jeden Tag – fernsehen / am Wochenende – wir – lesen – die Zeitung
2. ich – hören – kein Radio / ich – haben – viele CDs
3. ich – buchen – die Fahrkarten – im Internet / ich – wenig Zeit – haben
4. Katja – lesen – viele Sachbücher / sie – mögen – keine Romane

b) Ergänzen Sie die Regel.

> Die Konjunktionen *denn, aber, und* verbinden _____ sätze.
> Der Satz mit *denn* gibt einen Grund an.

2 a) Welche Sätze passen zusammen? Verbinden Sie. 📖 B1/3

Wir können nicht nach Hamburg fahren. ☐1	☐a Die Kaffeemaschine funktioniert nicht.
Gabi kann keine E-Mails schreiben. ☐2	☐b Sie hat eine starke Erkältung.
Ich sehe oft Nachrichten. ☐3	☐c Ich habe sie heute nicht gesehen.
Helena muss zum Arzt gehen. ☐4	☐d Ich finde Politik interessant.
Wir schenken Vladimir einen Discman. ☐5	☐e Unser Auto ist kaputt.
Ich habe noch nicht mit Tina gesprochen. ☐6	☐f Er hört sehr gern Musik.
Rainer kommt heute nicht. ☐7	☐g Seine Mutter kommt zu Besuch.
Der Chef ist ungeduldig. ☐8	☐h Sie hat keinen Internetanschluss.
Heute trinken wir nur Tee. ☐9	☐i Die Sekretärin hat den Brief noch nicht geschrieben.

b) Auch *weil*-Sätze geben einen Grund an und antworten auf *warum.*
Aber die Konjunktion *weil* verbindet einen Hauptsatz und einen Nebensatz.
Schreiben Sie Sätze mit *weil* wie im Beispiel.

Beispiel: Wir können nicht nach Hamburg fahren, weil unser Auto kaputt ist.

3 Ergänzen Sie die Regeln.

> 1. **Das konjugierte Verb steht im Nebensatz am** _____ .
>
> 2. _____ **Verben stehen im Nebensatz zusammen am Ende:**
> Frau Petter fährt heute nicht mit dem Bus, weil ihr Mann sie **abholt.**

 **4** Verbinden Sie die Sätze mit *weil*.

1. Frau Dietrich ist wütend. Ihre Tochter sieht zu viel fern.
2. Du darfst deine Monatskarte nicht vergessen. Wir fahren mit dem Bus zurück.
3. Ich kann morgen lange schlafen. Der Unterricht fällt aus.
4. Du musst schnell die Kinokarten kaufen. Der Film fängt gleich an.
5. Wir können uns am Wochenende nicht sehen. Ich fahre weg.

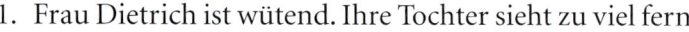
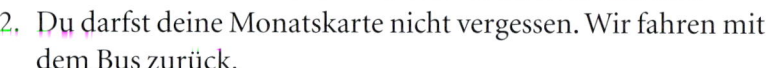

> Frau Dietrich ist wütend, weil ihre Tochter zu viel fernsieht.

5 Warum machen die Leute etwas? Sehen Sie sich die Bilder an, lesen Sie die Fragen und schreiben Sie Antworten mit *weil*.

Warum lernt Tamara Italienisch?

Sie lernt Italienisch,

weil _____

_____

Warum geht Herr Peters heute schon um zehn Uhr ins Bett?

_____

_____

_____

Warum klingelt Petra bei ihrer Nachbarin?

_____

_____

Warum spielen die Kinder nicht im Garten?

_____

_____

_____

Warum trinkt Herr Neumann heute kein Bier?

_____

_____

_____

Warum zieht Corinna ihr neues Kleid an?

_____

_____

_____

B2 Das Fernsehprogramm

1 Was passt zusammen? Verbinden Sie und notieren Sie die Nomen mit Artikel. 📖 B2/4

Tier

Liebes   sendung

       film

Kinder

       show

Wetter

       bericht

Unterhaltungs

1. *der Tierfilm* _____

2. _____

3. _____

4. _____

5. _____

2 Ergänzen Sie die fehlenden Artikel und Vokale und ordnen Sie die Wörter den Fotos zu.

1. ☐ _____ Sp__rt

2. ☐ _____ Kr__m__

3. ☐ _____ N__chr__cht__n

4. ☐ _____ C__m__d__s__nd__ng

5. ☐ _____ K__nd__rs__nd__ng

3 Vergleichen Sie: Fernsehen in Deutschland und in Ihrem Heimatland.
Was ist gleich, was ist anders? Welche Sendung fehlt Ihnen? Schreiben Sie vier Sätze
und berichten Sie im Kurs.

> Bei uns gibt es viele/wenig/keine/auch …

> In Deutschland gibt es mehr/weniger …

1. _____

2. _____

3. _____

4. _____

 **4** **Was haben Sie diese Woche im Fernsehen gesehen oder im Radio gehört?**
Erzählen Sie im Kurs: Hat Ihnen die Sendung gefallen? Warum / Warum nicht?

> Ich habe ... über ... gesehen/gehört.
>
> Das Thema war ...
>
> Sie haben über ... berichtet.

> Was hast du gesehen?

> Ich habe einen Film über Kinder in Brasilien gesehen. Das war sehr traurig, weil die Kinder viele Probleme haben.

Der Film / Die Sendung war	besonders sehr gar nicht etwas	lustig. traurig. spannend. langweilig.

C Was ist Ihre Meinung?

2a/37 **1** **a) Vier Personen sagen ihre Meinung über unterschiedliche Medien. Hören Sie zu und kreuzen Sie an: Wer findet welches Medium gut (☺) oder nicht so gut (☹)?**

📖 C/3

Tom

Jelena

Jasim

Nicole

	Tom		Jelena		Jasim		Nicole	
	☺	☹	☺	☹	☺	☹	☺	☹
Fernsehen	☐	☒	☐	☐	☐	☐	☐	☐
Radio	☐	☐	☐	☐	☐	☐	☐	☐
Zeitung/Zeitschriften	☐	☐	☐	☐	☐	☐	☐	☐
Internet	☐	☐	☐	☐	☐	☐	☐	☐

2a/37 **b) Welche Aussage passt zu wem? Lesen Sie die Aussagen. Hören Sie dann noch einmal und ordnen Sie zu.**

1. ☐c Ich kann im Internet Nachrichten aus meiner Heimat lesen. Das ist praktisch.
2. ☐ Manche Radiosender haben ein sehr gutes Musikprogramm.
3. ☐ Man kann sich bei Tierfilmen gut entspannen.
4. ☐ Ich nutze das Internet vor allem für E-Mails.
5. ☐ Man kann gute Spielfilme auf Video aufnehmen. Das finde ich prima.
6. ☐ Es gibt im Radio bessere Kindersendungen als im Fernsehen.
7. ☐ Radio macht mich nervös.
8. ☐ Man kann Filme viel besser im Kino sehen.
9. ☐ Ich lese morgens in der U-Bahn gern die Tageszeitung oder eine Frauenzeitschrift.

c) **Schreiben Sie *dass*-Sätze.**

1. _Jasim_ findet es praktisch, _dass er im Internet Nachrichten aus seiner Heimat lesen kann_ .

2. _____ ist der Meinung, _____ .

3. _____ findet, _____ .

4. _____ sagt, _____ .

5. _____ findet es prima, _____ .

6. _____ meint, _____ .

7. _____ sagt, _____ .

8. _____ glaubt, _____ .

9. _____ sagt, _____ .

d) **Und was denken Sie? Erzählen Sie im Kurs.**

2 Ergänzen Sie *dass* oder *weil*.

1. Ich habe im Radio gehört, _____ es am Wochenende Schnee gibt.

2. Stefan fährt ins Krankenhaus, _____ seine Mutter einen Unfall hatte.

3. Ich glaube nicht, _____ Viola wieder in die Berge fahren möchte.

4. Tina ist sehr nervös, _____ sie morgen eine Prüfung hat.

5. Meine Frau ist der Meinung, _____ ich zu wenig Sport treibe.

6. Weißt du schon, _____ Ulrike am Wochenende geheiratet hat?

7. Ich muss jetzt nach Hause, _____ ich Besuch bekomme.

8. Wir haben das Telefon nicht gehört, _____ die Musik so laut war.

9. Olga findet es furchtbar, _____ ihr Sohn immer so lange im Internet surft.

10. Sie ist früher gegangen, _____ sie noch einen Termin beim Friseur hat.

3 Ein Kettenspiel. Jede/r ergänzt einen Nebensatz.

1. Ich finde es toll, dass …
2. Ich habe gehört, dass …
3. Ich bin wütend, weil …
4. Wisst ihr schon, dass …?
5. Ich komme so spät, weil …
6. Mein Arzt sagt, dass …
7. Ich bin sehr müde, weil …
8. Ich will, dass …

> Ich finde es toll, dass morgen Wochenende ist!

D Die Tageszeitung

1 Welche deutschen Zeitungen und Zeitschriften kennen Sie? Ordnen Sie zu. 📖 D/3

1. ☐ Tageszeitung regional
2. ☐ Tageszeitung überregional
3. ☐ Wochenzeitung
4. ☐ Frauenzeitschrift
5. ☐ Computerzeitschrift
6. ☐ Nachrichtenmagazin
7. ☐ Sportzeitschrift

2 Ordnen Sie zu: Welche Überschrift gehört zu welcher Zeitungsrubrik?

1. ☐ Kultur
2. ☐ Sport
3. ☐ Finanzen
4. ☐ Ausland
5. ☐ Politik
6. ☐ Reise
7. ☐ Regionales
8. ☐ Wirtschaft

a. Eurokurs steigt über 1,18 Dollar

b. **Konzert in der Orangerie**
Bessunger Kammerorchester spielt Mozart

c. *Von der Ostsee in den Süden*
Eine Tour durch Polen

d. **SPD und Union:**
Streit um Gesundheitsreform

e. Wahlen in den USA:
Wer wird neuer Präsident?

f. **UEFA-Cup: Die Ergebnisse der 1. Runde**

g. **Tankstellenraub in Frankfurt-Griesheim**
Täter entkommt mit 900 Euro auf dem Fahrrad

h. *Europas größte Fluggesellschaft entsteht*
Air France und KLM wollen fusionieren

3 Wählen Sie eine Person aus dem Kurs. Was glauben Sie: Welche Zeitschrift oder welche Zeitungsrubrik interessiert ihn/sie am meisten? Sagen Sie Ihre Vermutung, die Person antwortet darauf.

> Ich glaube, dass Selim am liebsten die Rubrik „Politik" liest.

> Ja, Politik ist ganz interessant. Aber am liebsten lese ich den Sportteil oder Sportzeitschriften.

4 a) Lesen Sie die Überschrift zu einem Zeitungsartikel. Was denken Sie: Was steht in dem Artikel? D/4

Geldschrank auf der Straße

b) Hier ist der Artikel, aber wichtige Informationen fehlen. Ergänzen Sie.

Geldschrank	zur Polizeiwache	Samstagmorgen	in der Nacht
Schirmerstraße	~~zwei Polizisten~~	Räuber	Müll	Nachbarn

Köln-Ehrenfeld. Am _____ haben ___*zwei Polizisten*___

einen _____ auf der Straße gefunden.

_____ sagen, dass der 1,50 Meter hohe

Geldschrank _____ auf einem LKW in

der _____ gestanden hat. Die Beamten

haben den Tresor _____ gebracht. Dort will man ihn öffnen. Die

Polizei glaubt aber nicht, dass _____ den Schrank auf die Straße

gestellt haben. Es ist möglich, dass der schwere Schrank nur _____ war.

c) Ordnen Sie die Informationen aus Aufgabe b).

wer: *zwei Polizisten* _____

was: _____

wo: _____

wohin: _____

wann: _____

5 Schreiben Sie einen kurzen Zeitungsartikel zu dem Foto.
Vergessen Sie die Überschrift nicht.

| Kinder haben gespielt | Überraschung | Kunst | Müll | ... |

_____

_____

_____

_____

_____

_____

_____

_____

E Mahmud will einen Computer, aber ...

1 a) Wie sagt man, dass man für oder gegen etwas ist? Ordnen Sie die Redemittel
aus dem Kasten in die Liste. 📖 E/5

| Das stimmt. So ein Quatsch! Du hast Recht. Das stimmt nicht. Das ist doch Unsinn! |
| Das finde ich nicht. Das kann sein, aber ... Ja, das ist möglich. Das ist nicht richtig. |
| Der Meinung bin ich nicht. Na gut. Das sehe ich anders. Das ist richtig. |

dafür (zustimmen/nachgeben) ☺   dagegen ☹

_____   _____

_____   _____

_____   _____

_____   _____

_____   _____

_____   _____

b) **Was machen wir heute Abend?**
Lesen Sie die Dialoggrafik und schreiben Sie einen Dialog.
Benutzen Sie Redemittel dafür ☺ und dagegen ☹ aus der Liste.
Spielen Sie den Dialog im Kurs.

Sie
was machen / heute Abend?
schon wieder? / lieber Kino
wir / viel zu selten ausgehen
☹ / nur zweimal
☺ / aber interessanter
☹ / immer gleich
o. k.

Er
fernsehen
nein, keine Lust
☹ / diesen Monat schon oft genug ausgegangen
☺ / Kino aber teuer
☹ / Fernsehen: spannende Serien
☺ / heute Kino, morgen fernsehen?

_____ → _____
_____ ← _____
_____ → _____
_____ ← _____
_____ → _____
                                _____
_____ ←
_____ → _____
_____ ← _____
_____ → _____
                                _____
_____ ←

2 **Ergänzen Sie die Sätze.**

1. _____ , weil der Bus heute nicht fährt.

2. _____ , dass mein Sohn immer so lange am Computer sitzt.

3. _____ , weil das Wetter so schön ist.

4. _____ , weil meine Tochter krank ist.

5. _____ , dass das Internet bei den Hausaufgaben helfen kann.

1 a) **Schreiben Sie Sätze.**

1. Ich heute früh ins Bett gehen / weil ich morgen früh aufstehen müssen

Ich gehe heute früh ins Bett, weil ich morgen früh aufstehen muss.

2. Ich einkaufen / weil du nicht einkaufen

_____

3. Anja keine Zeit haben / weil sie noch ihr Fahrrad reparieren müssen

_____

4. Es schön sein / dass mein Freund kommen zu mir

_____

5. Ich in die Küche gehen / weil ich kochen wollen

_____

b) **Schreiben Sie die Sätze in der Vergangenheit.**

1. Ich bin gestern früh ins Bett gegangen, weil ich heute früh aufstehen musste.

2. Ich habe eingekauft, weil _____

3. _____

4. _____

5. _____

2 **Schreiben Sie sechs Sätze. Es gibt mehrere Möglichkeiten.**

		ich eine Arbeit suche.
		ich meinen Kassenzettel nicht mehr hatte.
Ich weiß,		es immer so viel Gewalt im Fernsehen gibt.
Ich muss noch einkaufen,	denn	du rufst mich nicht an.
Ich rufe dich an,	dass	der Computer gut funktioniert.
Ich konnte den Videorecorder nicht umtauschen,	weil	mein Kühlschrank leer ist.
Ich kaufe mir jedes Wochenende die Zeitung,	aber	ich habe noch keine Arbeit gefunden.
Ich finde es furchtbar,		mein Kühlschrank ist leer.
		du mich nicht anrufst.

3 **a) Lesen Sie die folgenden Aussagen.**

a) Fernsehen macht dumm. Die Leute sehen immer mehr fern und lesen nicht mehr.
b) Im Fernsehen gibt es wichtige Informationen. Man weiß immer, was passiert.

a) Filme kann man viel besser im Kino sehen.
b) Filme im Fernsehen sind viel billiger als im Kino.

a) Werbung im Fernsehen ist gar nicht so schlecht. Man bekommt wichtige Informationen.
b) Werbung finde ich furchtbar. Bei Werbung schalte ich immer um.

a) Kinder spielen heute zu viel am Computer.
b) Ohne Computer funktioniert heute nichts mehr. Es ist wichtig, dass die Kinder schon sehr früh Computer kennen lernen.

a) Handys sind nicht gut für Kinder. Die Lehrer sollten Handys in der Schule verbieten.
b) Mit einem Handy ist man nie allein. Man hat immer Kontakt.

b) Wie ist Ihre Meinung? Haben Sie andere Argumente für oder gegen Fernsehen, Computer, Handys, Werbung? Machen Sie sich Notizen und diskutieren Sie im Kurs. Der Redemittelkasten im Arbeitsbuch E 1a) hilft Ihnen.

> Ich finde / Ich denke / Ich bin der Meinung, dass Fernsehen dumm macht.

> Das stimmt nicht. Warum denkst du das?

> Weil man oft zu viel fernsieht und gar nicht mehr liest.

> Das denke ich nicht. Man kann doch auch beides machen.

Medium, das, Pl.: *Medien* _____

A

Nutzung, die, -en _____

Dauer, die, * _____

Tageszeitung, *die, -en* _____

Zeitschrift, die, -en _____

Video, das, -s _____

Hörfunk, der, * _____

Entspannung, die, * _____

nutzen _____

Auswahl, die, * _____

nämlich _____

bzw. (Abk. für: beziehungs-
weise) _____

verbringen, verbracht _____

Haushalt, der, -e _____

Anschluss, der, "-e _____

Gewohnheit, die, -en _____

allein(e) _____

Biergarten, der, "- _____

Vermutung, die, -en _____

Roman, der, -e _____

Sachbuch, das, "-er _____

Politik, die, * _____

spannend _____

B1

fliegen, geflogen _____

weil _____

wütend _____

werfen, geworfen _____

Party, die, -s _____

brennen, gebrannt _____

B2

Fernsehprogramm, das, -e _____

Sendung, die, -en _____

Nachrichten, *Pl.* _____

Krimi, der, -s _____

Show, die, -s _____

Comedy, die, * _____

Serie, die, -n _____

Spielfilm, der, -e _____

umschalten _____

Werbung, die, * _____

abschalten _____

aufnehmen (2),
aufgenommen _____

gucken _____

Sender, der, - _____

öffentlich-rechtlich _____

Sozialhilfeempfänger/in,
der/die, -/nen _____

stellen, *hier:* Antrag stellen _____

finanzieren _____

Satellit, der, -en _____

ausländisch _____

empfangen, empfangen _____

C

Meinung, die, -en _____

Talkshow, die, -s _____

Entscheidung, die, -en _____

Gewalt, die, * _____

Unterhaltung, die, * _____

entspannen _____

D

Schlagzeile, die, -n _____

Artikel, der, - _____

Rubrik, die, -en _____

Kultur, die, -en _____

Finanzen, Pl. _____

Wirtschaft, die, * _____

Leserbief, der, -e _____

regional _____

Eisdiele, die, -n _____

beliebt _____

Chaos, das, * _____

Neujahr, das, * _____

zurückgehen, zurück-
gegangen _____

festnehmen, festgenommen _____

Räuber, der, - _____

Bande, die, -n _____

überfallen, überfallen _____

Hochwasser, das, -
(Pl. selten) _____

E

Unsinn, der, * _____

umgehen (+ mit + Dat.),
umgegangen _____

Gedanke, der, -n _____

versprechen (jdm. etw.),
versprochen _____

installieren _____

Ding, das, -er _____

Geburtstag, der, -e _____

dagegen sein, dagegen
gewesen _____

dafür sein, dafür gewesen _____

zustimmen _____

nachgeben, nachgegeben _____

einsam _____

leise _____

Alles klar

freihaben _____

Überschrift, die, -en _____

Flaschenpost, die, * _____

Sturz, der, "-e _____

Höhe, die, -n _____

Weltkrieg, der, -e _____

Strand, der, "-e _____

feiern _____

Feste feiern

A Festtage

1 a) **Wiederholung. Wie heißen die vier Jahreszeiten?**

1. _____   2. _____   3. _____   4. _____

b) **Wie heißen die Monatsnamen?** 📖 62/3

1. rämz _____

2. ami _____

3. ugusta _____

4. sertpembe _____

5. rubfaer _____

6. rotokbe _____

7. zederbem _____

8. alrip _____

9. luji _____

10. neborvem _____

11. junara _____

12. juin _____

c) **Ordnen Sie die Monate den Jahreszeiten zu.**

2 **Welcher Tag ist heute? Hören Sie zu und ergänzen Sie wie im Beispiel.** 📖 A/5

2a/47

Beispiel:

Montag

5

Juni

Dienstag

_____

a

Mittwoch

_____

b

Donnerstag

_____

c

Freitag

_____

d

Samstag

_____

e

Sonntag

_____

f

3 a) Sehen Sie sich noch einmal den Kalender im Kursbuch A/1 an und verbinden Sie.
Wann feiert man 2004 welche Feste?

Silvester 1	a	8.–15.12.
das Ramadanfest 2	b	21.3.
das chinesische Neujahrsfest 3	c	14.–16.11.
das Chanukkafest 4	d	22.1.
Ostern 5	e	31.12.
das kurdische Neujahrsfest 6	f	11.–12.4.

b) Sehen Sie sich die Fotos an. Welches Fest ist das und wann
feiert man es? Schreiben Sie Sätze wie im Beispiel. 📖 A/7

1. *Ostern feiert man vom elften bis zum zwölften April.*

2. _____

3. _____

4. _____

5. _____

6. _____

4 **Beantworten Sie die Fragen. Berichten Sie im Kurs.**

Beispiel: Wann feiert man Silvester? → Silvester feiert man am einunddreißigsten Dezember.

1. Wann sind Sie nach Deutschland gekommen?

Ich bin _____

2. Wann hat Ihr Deutschkurs begonnen?

_____

3. Wann feiern Sie in Ihrer Heimat das Neujahrsfest?

_____

4. Von wann bis wann feiert man in Deutschland Weihnachten?

_____

5. Wann haben Ihre Eltern Geburtstag?

_____

6. Wann beginnt in Deutschland der Sommer?

_____

5 **Welche Tage im Jahr sind für Sie wichtig? Warum?** 📖 A/9

Beispiel: Der 8. Oktober. Da hat mein Sohn Geburtstag.

_____

_____

6 **Termine, Termine! Fragen Sie im Kurs und antworten Sie.**

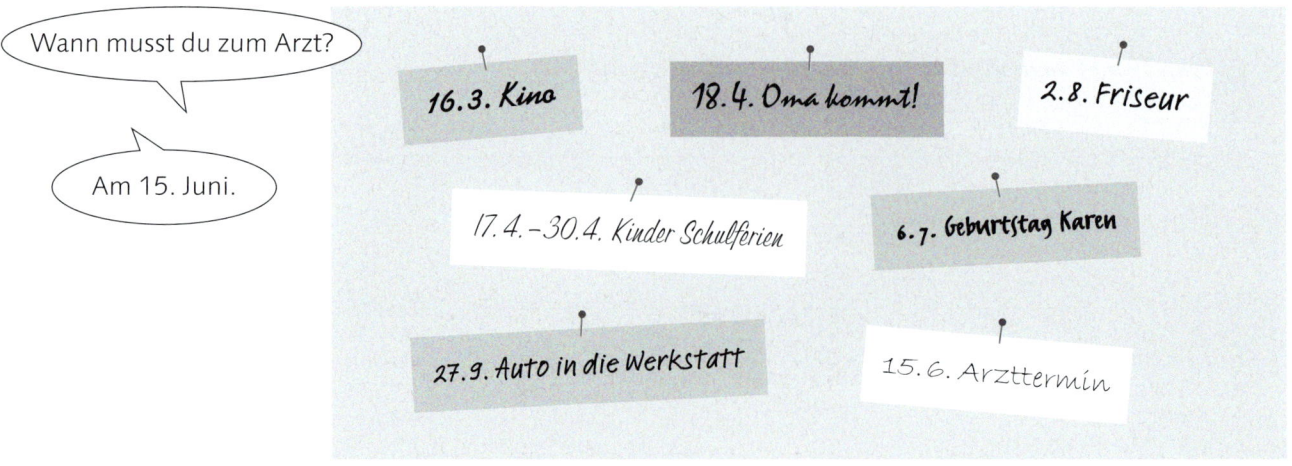

B Einladungen

1 a) Notieren Sie sechs Feste, zu denen man Leute einlädt. 📖 B/2

1. _____ 4. _____

2. _____ 5. _____

3. _____ 6. _____

b) Suchen Sie sich ein Fest aus und schreiben Sie eine Einladung.
Die Redemittel im Kursbuch B/2c) helfen Ihnen.

Liebe/r _____

_____

_____

_____

_____

2 Hören Sie das Telefongespräch von Anke und Karsten und beantworten Sie die Fragen.

1. Wann hat Karsten Geburtstag?

_____

2. Wann ist die Geburtstagsparty?

_____

3. Von wann bis wann kommt die Schwester von Anke zu Besuch?

_____

4. Wann heiratet die Schwester von Anke?

_____

5. Wann fängt die Geburtstagsparty an?

_____

3 **Eine Einladung zum Geburtstag.**
Ihre Freundin Monika hat am 25. März Geburtstag. Sie ruft an und lädt Sie ein.
Suchen Sie sich eine Variante aus und schreiben Sie einen Dialog.
Spielen Sie ihn im Kurs.

Variante 1:
Sie bedanken sich für die Einladung und sagen zu. Die Feier beginnt um 20 Uhr und Sie sollen
einen Salat mitbringen. Monika sagt, Ihr Mann / Ihre Frau kann gern mitkommen.

Sie: _____

Monika: _____

Sie: _____

Monika: _____

Sie: _____

Monika: _____

Sie: _____

Monika: _____

Sie: _____

Monika: _____

Variante 2:
Sie bedanken sich für die Einladung, müssen aber leider absagen, weil Ihre Eltern zu Besuch
kommen. Monika findet das sehr schade. Sie wünschen ihr viel Spaß bei der Feier.

Sie: _____

Monika: _____

Sie: _____

Monika: _____

Sie: _____

Monika: _____

Sie: _____

Monika: _____

Sie: _____

Monika: _____

4 **a) Marco und Susanne haben Geburtstag. Was kann man ihnen schenken?**

1. Marco liest gern. *Man kann ihm ein Buch schenken.*

2. Marco hört gern Musik.

3. Marco mag Spiele.

4. Susanne möchte Englisch lernen.

5. Susanne liebt ihren Garten.

6. Susanne interessiert sich für das Fotografieren.

b) Was kann man wem schenken/mitbringen? Machen Sie Notizen und diskutieren Sie im Kurs.

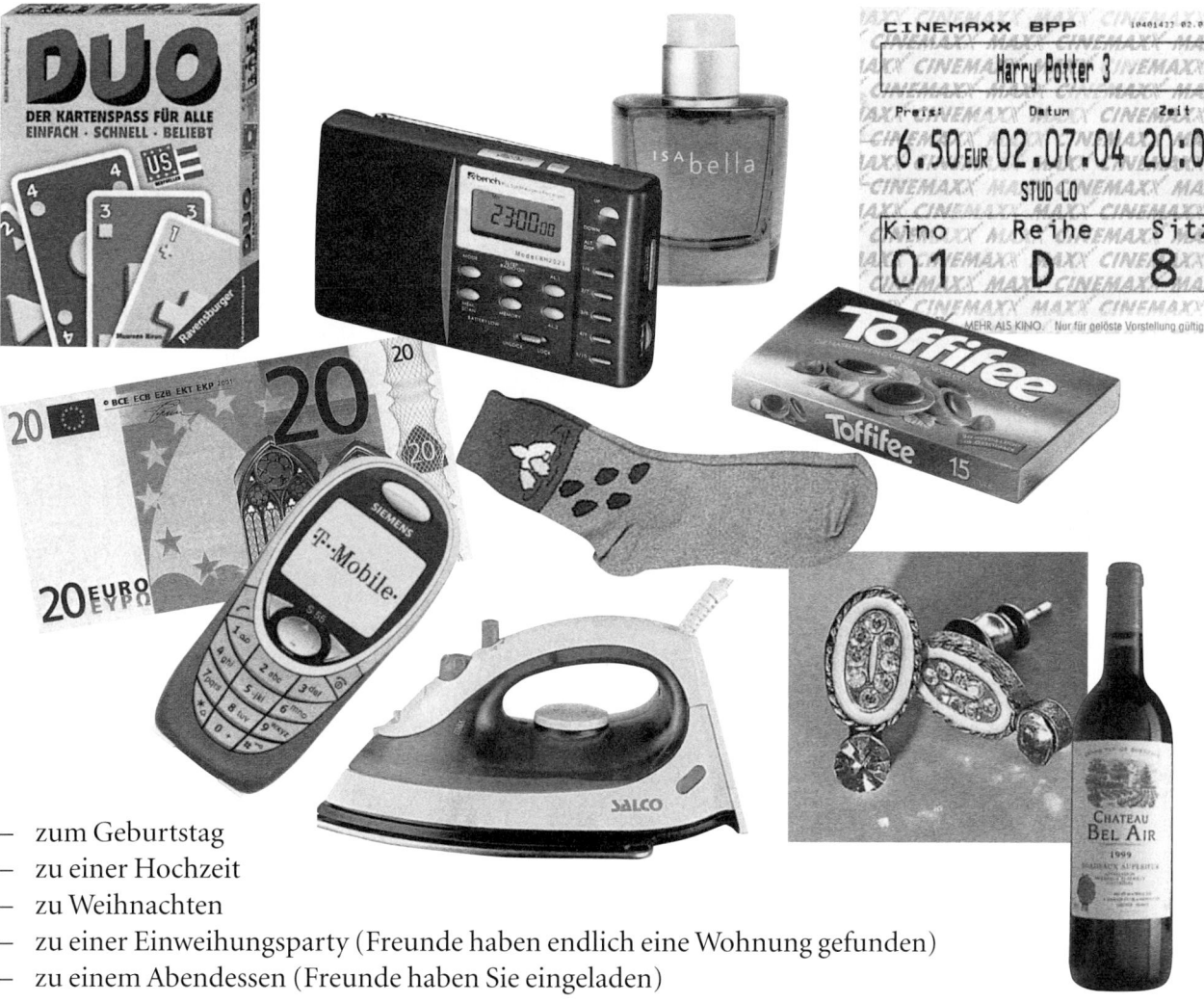

– zum Geburtstag
– zu einer Hochzeit
– zu Weihnachten
– zu einer Einweihungsparty (Freunde haben endlich eine Wohnung gefunden)
– zu einem Abendessen (Freunde haben Sie eingeladen)

> Ein schönes Geburtstags-geschenk sind Bücher.

> Meiner Freundin schenke ich zum Geburtstag immer Blumen. Meinen Eltern gebe ich gern einen Kinogutschein.

> Zur Hochzeit schenkt man bei uns Geld.

C Annett und Rainer heiraten

1 Finden Sie im Suchrätsel zwölf Wörter zum Thema *Hochzeit*. Notieren Sie die Nomen mit Artikel. 📖 C/1

F	M	C	A	S	Y	R	I	N	G	H	L
L	X	D	L	T	A	N	Z	E	N	B	I
I	T	B	R	A	U	T	P	A	A	R	K
T	L	R	F	N	H	B	W	C	M	A	R
T	I	Ä	M	D	E	V	B	R	A	U	T
E	Z	U	F	E	I	E	R	J	Y	T	E
R	N	T	K	S	R	K	X	E	O	K	F
W	O	I	K	A	A	G	L	I	N	L	N
O	V	G	U	M	T	G	Ä	S	T	E	V
C	E	A	M	T	E	P	T	R	F	I	C
H	R	M	J	P	N	D	N	S	E	D	R
E	R	R	N	Z	D	Q	M	B	A	P	I
N	C	E	I	N	L	A	D	U	N	G	H

1. _____

2. _____

3. _____

4. _____

5. _____

6. _____

7. _____

8. _____

9. _____

10. _____

11. _____

12. _____

2 Was passt? Kreuzen Sie an.

1. Bei der Hochzeit werfen die Gäste …
a) ☐ Nudeln auf die Straße.
b) ☐ Reis auf das Brautpaar.
c) ☐ Reis in den Topf.

2. Die Braut trägt …
a) ☐ ein rotes Abendkleid.
b) ☐ ein Brautkleid.
c) ☐ ein Jackett.

3. Man heiratet in Deutschland …
a) ☐ auf dem Standesamt.
b) ☐ bei den Eltern.
c) ☐ im Restaurant.

4. Nach dem Ja-Wort tauscht man …
a) ☐ die Reisepässe.
b) ☐ die Armbanduhren.
c) ☐ die Ringe.

5. Das Brautpaar schneidet …
a) ☐ Zwiebeln für den Salat.
b) ☐ den Hochzeitskuchen an.
c) ☐ Blumen.

6. Nach der Hochzeit fährt das Paar …
a) ☐ ins Büro.
b) ☐ in die Flitterwochen.
c) ☐ ins Kino.

3 Wiederholung. Schreiben Sie die Sätze im Perfekt. 📖 C/2

1. Annett und Rainer heiraten auf dem Standesamt.

Annett und Rainer haben _____

2. Sie tauschen die Ringe.

_____

3. Die Mutter von Annett weint.

_____

4. Die Gäste werfen Reis.

_____

5. Sie feiern in einem Restaurant.

_____

6. Die Gäste essen und trinken viel.

_____

7. Annett und Rainer tanzen einen Walzer.

_____

8. Nach der Hochzeit fahren Annett und Rainer in die Flitterwochen.

_____

D Mit Deutschen feiern

1 Sie möchten eine Party feiern. Was müssen Sie vorher tun? 📖 D/2

Meine Party

– Einladungen schreiben

_____

_____

_____

_____

_____

_____

_____

2 a) Ergänzen Sie mit Ihrem Partner / Ihrer Partnerin das Wörternetz zum Thema *Party*.

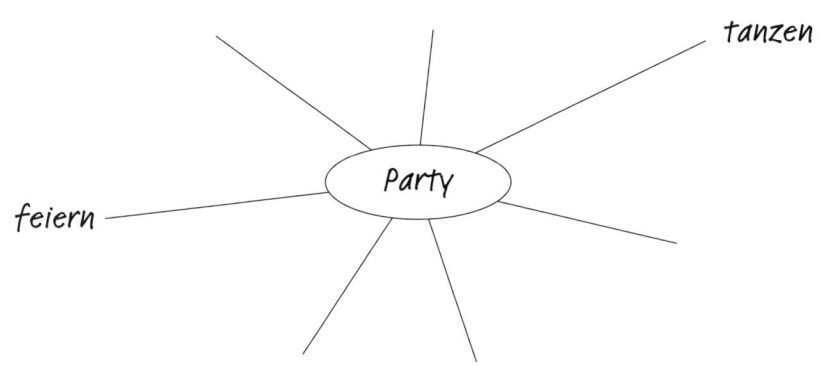

Party

tanzen

feiern

b) Suchen Sie sich fünf Wörter aus und schreiben Sie je einen Satz.

Beispiel: Auf einer Party tanze ich gern.

3 Glückwünsche. Was sagt man bei diesen Feiern? D/3

1. _____

2. _____

3. _____

4. _____

4 Marco war auf einer Geburtstagsparty. Wie hat es ihm gefallen?

a) Ergänzen Sie die E-Mail.

kennen gelernt – drei Uhr – Grüße – getanzt – unterhalten – Geburtstagsparty – essen – toll – Gäste –
klein – Kuchen – müde

Antworten Allen antworten Weiterleiten Posteingang ▼

Hallo Klaus,

gestern war ich auf der _____ von Tina. Es war wirklich _____ !

Wir waren ca. 30 _____ . Jeder hat etwas zu _____ oder zu

trinken mitgebracht. Ich habe sogar extra einen _____ gebacken. Ich habe mich gut

_____ und sehr nette Leute _____ _____ .

Wir haben auch viel _____ , nur der Raum war etwas _____ .

Ich war erst um _____ zu Hause und bin heute ziemlich _____ .

Bis bald mal wieder und viele _____ !

Marco

---

b) Korrigieren Sie mit der CD.

Alles klar?

1 Ergänzen Sie *am, bis, im, um, zum.*

1. _____ 31. Dezember ist Silvester. _____ 12 Uhr nachts wünscht man sich alles Gute _____

   neuen Jahr. Ostern ist _____ Frühjahr, meistens _____ April. _____ Ostersonntag machen viele

   Leute ein großes Frühstück. Weihnachten ist _____ 25. und 26. Dezember.

   _____ 24. Dezember ist Heiligabend.

2. Wir machen _____ nächsten Samstag eine Grillparty. Wir wollen _____ 14 Uhr anfangen

   und _____ _____ Abend feiern.

2 Wörter raten – Üben Sie die Ordnungszahlen wie im Beispiel.

Beispiel: G __ __ __ __ __ __ __ __ __

+ Ich habe ein langes Wort. Es hat zehn Buchstaben.   – Ist der dritte ein b?
  Der erste Buchstabe ist ein g.   + Richtig.
– Ist der zweite ein a?   – Und der achte ein t?
+ Nein.   + Ja.
– Ein e?   – Dann ist es Geburtstag.
+ Ja.   + Das stimmt.

3 Welche Informationen stehen auf den Schildern? Schreiben Sie und lesen Sie vor.

Volkshochschule Göttingen Anmeldung, täglich 13–17 Uhr geschlossen: 3. März	*Die Anmeldung ist täglich von 13 bis 17 Uhr.* *Am dritten März hat die Volkshochschule geschlossen.*
Sprechzeiten Doktor Kuhl Mo–Fr 9–12, 15–18 Uhr Mi geschlossen	
Friseur Welle Wir machen im Mai Urlaub. Mittwoch, 1.6. sind wir wieder für Sie da.	
Öffnungszeiten Panoramabad 25.03.2005 geschlossen Ostersamstag: 8–20 Uhr Ostersonntag, Ostermontag geschlossen	*Das Schwimmbad*

4 a) Was passt? Unterstreichen Sie.

die Hochzeit	<u>feiern</u>	anschneiden	<u>stattfinden</u>	tanzen
eine Einladung	bekommen	beginnen	nehmen	besuchen
Freunde	stattfinden	kennen lernen	treffen	spielen
zum Geburtstag	gratulieren	feiern	schenken	heiraten
Bescheid	sagen	nehmen	meinen	machen
einen Termin	vereinbaren	absagen	nehmen	laufen
einen Kuchen	backen	anschneiden	anprobieren	eröffnen
Geschenke	kaufen	leben	einpacken	lieben
zu Hause	gehen	bleiben	kommen	sein

b) Schreiben Sie mit den Wörtern Sätze.

Nächste Woche feiern wir Hochzeit. Die Hochzeit findet am nächsten Mittwoch statt.

5 Schreiben Sie den Brief. Achten Sie auf Groß- und Kleinschreibung.

Liebeleyla, ichhabegehört,dassdueineneuewohnunggefundenhast. herzlichenglückwunsch. dankefürdieeinladungzudeinereinweihungsparty. leiderkannichamsamstagnichtkommen, weilichkrankbinundimmernochimbettbleibenmuss. wirfeiernspäter. ichhabeauchnocheinkleinesgeschenkfürdeinewohnung. bisbaldundvielegrüßemonika.

Liebe Leyla,
ich habe gehört, dass du

6 Glückwünsche. Schreiben Sie zu zweit kleine Dialoge und spielen Sie dann die Dialoge im Kurs vor.

Alles Gute zum … / zur …   Ich wünsche dir / Ihnen alles Gute …
Herzlichen Glückwunsch zum … / zur …   Viel Glück!   Prost Neujahr!
Vielen Dank (für …)   Danke für die Glückwünsche.   …

1. Ihr Freund / Ihre Freundin hat endlich eine neue Wohnung gefunden. Was sagen Sie?
2. Ihre Kollegin heiratet nächste Woche. Wünschen Sie viel Glück.
3. Ihr Freund / Ihre Freundin hat seit gestern den Führerschein. Gratulieren Sie.
4. Es ist der 31. Dezember, genau 12 Uhr nachts. Was sagen Sie?
5. Ihr Chef / Ihre Chefin hat Geburtstag. Was sagen Sie?

A

Festtag, der, -e _____

interkulturell _____

Kalender, der, - _____

Januar, der, -e *Pl. selten* _____

Februar, der, -e *Pl. selten* _____

März, der, -e *Pl. selten* _____

April, der, -e *Pl. selten* _____

Mai, der, -e *Pl. selten* _____

Juni, der, -s *Pl. selten* _____

Juli, der, -s *Pl. selten* _____

August, der, -e *Pl. selten* _____

September, der, - *Pl. selten* _____

Oktober, der, - *Pl. selten* _____

November, der, - *Pl. selten* _____

Dezember, der, - *Pl. selten* _____

Weihnachten, das, - _____

Tannenbaum, der, "-e _____

Kerze, die, -n _____

singen, gesungen _____

Lied, das, -er _____

statt _____

B

Betrieb, der, -e _____

Betriebsfeier, die, -n _____

Hochzeit, die, -en _____

Silvester, der (auch: das), - _____

Standesamt, das, "-er _____

Bescheid sagen (*auch:* geben) _____

rechtzeitig _____

Band (engl.: bænd*), die, -s* _____

dabei sein, dabei gewesen _____

reagieren (+ auf + *Akk.*) _____

zusagen _____

unentschieden _____

C

Braut, die, "-e _____

Brautkleid, das, -er _____

Ring, der, -e _____

Paar, das, -e _____

Brautpaar, das, -e _____

anschneiden, angeschnitten _____

Hochzeitskuchen, der, - _____

Flitterwochen, Pl. _____

Hochzeitsfeier, die, -n _____

Kleidung, die, * _____

*Ja-Wort, das, ** _____

weinen _____

Walzer, der, - _____

Stimmung, die, -en _____

*Atmosphäre, die, ** _____

Raum, der, "-e _____

D

Gastgeber/in, der/die, -/-nen _____

unterhalten (+ sich + mit + *Dat.*), unterhalten _____

ernst _____

höflich _____

z. B. (*Abk. für:* zum Beispiel) _____

locker _____

Glückwunsch, der, "-e _____

bedanken (sich + für + Akk.) _____

froh _____

Alles klar

Gedenktag, der, -e _____

Feiertag, der, -e _____

stattfinden, stattgefunden _____

international _____

Menschenrecht, das, -e _____

Laune, die, -n _____

herzlich _____

Lektion 6

Arbeitssuche

A1 Stellenanzeigen

Pflegepersonal für Einsatz im Krankenhaus und Pflegeheim (Vollzeit oder Nebenjob, gern auch Studenten m. Erfahrung) sucht NORA GmbH, ✆ 99 85 67 48

Türk. Erzieher/in gesucht f. zweisprachige Kita. Perfekte Deutsch- und Türkischkenntnisse und Erfahrung in der interkulturellen Erziehung. Schriftl. Bewerbung an Türk. Elternverein e.V., Oranienstr. 66, 10991 Berlin

Kochen in den Bergen! Winterreiseveranstalter sucht kreative/n Köchin/Koch mit viel Erfahrung. Einsatz wochenweise zw. Dez. + Apr., Infos unter 44 37 21 65

Bürokraft mit guten PC-Kenntnissen gesucht für 6–15 Stunden/Woche. Fax/Tel.: 66 44 32 18

Sprachlehrer/in für Sprachunterricht gesucht, Engl., Span., Frz., Ital. u.a. 16 € / 60 min + Anfahrt. www.intellogo.de, ☎ 54 78 21 45

Kräftiger Student als Umzugs-helfer gesucht, 8 €/Stunde. Alle Bezirke. Tel.: 58 97 66 43

---

1 Wiederholung – die Modalverben *müssen* und *dürfen*. Lesen Sie die Anzeigen. Ergänzen Sie in den Sätzen den richtigen Beruf und das passende Modalverb. 📖 A1/3

1. Eine/Ein ___Erzieherin/Erzieher___ ___muss___ eine abgeschlossene Ausbildung

   haben und Kinder mögen. Sie/Er ___darf___ nicht so schnell nervös werden.

2. Ein ___Umzugshelfer___ ___muss___ stark sein.

   Er ___muss___ einen gesunden Rücken haben.

3. Eine/Ein ___Krankenschwester/Krankenpfleger___ ___muss___ Zeit für die Patienten haben.

   Aber sie/er ___muss___ auch schnell sein und ___darf___ nichts vergessen.

4. Eine/Ein ___Sprachlehrer___ ___muss___ die Fremdsprache perfekt können.

   Sie/Er ___muss___ eine gute Ausbildung haben und ___darf___ die Geduld nicht verlieren.

5. Eine/Ein ___Koch___ für einen Reiseveranstalter ___muss___ Zeit

   und Lust zum Reisen haben. Und sie/er ___muss___ natürlich kochen können.

6. Eine ___Bürokraft___ ___muss___ gut mit dem PC umgehen können.

   Sie/Er ___muss___ planen können und ___darf___ keine Termine vergessen.

☞ **1** Marcin hat eine interessante Stellenanzeige gefunden und ruft in der
Pizzeria an. Lesen Sie noch einmal den Dialog im Kursbuch A2/2.
Was sagt Marcin? Schreiben Sie seine Fragen ins Heft. 📖 A2/3

Pizzeria Toscana, in der Innenstadt, sucht Aushilfe, ab sofort.
Deutschkenntnisse erwünscht, nicht Bedingung. ☎ 0163/7789028

Pizzeria Toscana, guten Tag.

→ Name / Anzeige / Stelle noch frei?

Ja, wir suchen noch einen Kellner
für das Wochenende.

→ nur Wochenende? / Stunden?

Das ist ganz unterschiedlich.
Manchmal sind es mehr als 20 Stunden,
manchmal sind es nur zehn.
Haben Sie Erfahrung?

→ im Hotel / Restaurant groß? / Kollegen?

Wir sind ein mittelgroßes Restaurant.
In der Küche arbeiten vier Leute und
wir haben drei Kellner.

→ Stundenlohn?

Am Anfang zahlen wir 6,50 Euro,
plus Trinkgeld natürlich. Später kann es
dann auch mehr werden.

→ ☺

Wir sollten uns kennen lernen.
Können Sie vorbeikommen?

→ wann?

Am besten morgen Abend, um 17.30 Uhr.
Da ist es noch nicht so voll.

→ wo genau?

In der Schillerstraße 33.

→ ☺ / Bis morgen!

Bis morgen. Ciao.

2 Fragen und Antworten. Verbinden Sie.

Welchen Schulabschluss haben Sie? 1

Wie lange leben Sie in Deutschland? 2

Haben Sie Berufserfahrung? 3

Wo haben Sie Deutsch gelernt? 4

Können Sie auf Deutsch schreiben? 5

Sind Sie schon lange in Bremen? 6

Wo haben Sie vorher gearbeitet? 7

a Ja, ich kann Briefe schreiben. Aber manchmal mache ich kleine Fehler.

b Seit zwei Jahren.

c Ich bin in Petersburg zwölf Jahre zur Schule gegangen und habe Abitur.

d Seit einem halben Jahr. Vorher habe ich in Dortmund gelebt.

e Ja, ich habe schon als Verkäuferin gearbeitet.

f Bei der Firma Müller & Co in Dortmund.

g Ich habe drei Kurse bei der VHS gemacht. Hier sind die Zeugnisse.

3 Auch Susi Schussel hat sich bei Frau Weber beworben. Doch sie bekommt die Stelle nicht.

a) Lesen und hören Sie den Dialog.

Frau Schussel: Tut mir leid. Ich habe den Bus verpasst.

Frau Weber: Ja, ich habe schon auf Sie gewartet. Fangen wir an.

Frau Schussel: Darf ich rauchen? Ich bin so nervös.

Frau Weber: Äh – in meinem Büro habe ich das nicht so gern. Sie haben am Telefon gesagt, dass Sie schon in einem Salon in München gearbeitet haben?

Frau Schussel: Oh ja, kennst du München? Ich darf doch „Du" sagen, oder? München ist eine tolle Stadt. Ich hatte dort sehr nette Kollegen und ich habe gut verdient. Was bekomme ich bei dir?

Frau Weber: Darüber können wir vielleicht später reden. Zeigen Sie mir jetzt Ihre Unterlagen? Besonders das letzte Zeugnis ist für mich natürlich interessant.

Frau Schussel: Oh je, die habe ich vergessen. Ich hatte es so eilig und jetzt liegen sie noch auf dem Küchentisch, aber vielleicht …

Frau Weber: Lassen Sie nur. Ich glaube, Sie probieren es lieber bei jemand anderem …

b) Markieren Sie, was Frau Schussel falsch gemacht hat.

c) Was sollte Frau Schussel beim nächsten Mal anders machen? Schreiben Sie Sätze. 📖 A2/5

Sie sollte _____

_____

_____

_____

4 Einen Rat geben. Antworten Sie und benutzen Sie *sollen*. Vergleichen Sie im Kurs.

1. + Ich hatte wieder keinen Erfolg beim Bewerbungsgespräch. Ich war nur fünf Minuten zu spät!

   – *Du solltest pünktlich zu einem Bewerbungsgespräch kommen.* _____

2. + Ich bin immer so müde. Haben Sie einen Tipp?

   – _____

3. + Wir haben die Hausaufgaben nicht verstanden.

   – _____

4. + Ich möchte meine Nachbarn besser kennen lernen.

   – _____

5. + Ich habe schon seit zwei Tagen Zahnschmerzen.

   – _____

6. + Ich habe Angst vor meinem ersten Arbeitstag. Ich bin so nervös. Haben Sie einen Rat?

   – _____

5 Wiederholung – Wortschatz: Berufe und Tätigkeiten. Finden Sie möglichst viele Wörter, die zu den Berufen passen. Schreiben Sie mit Ihren Notizen Sätze und vergleichen Sie im Kurs.

Sekretärin	*Büro, telefonieren, am Computer arbeiten, Briefe/E-Mails schreiben*
Koch/Köchin	_____
Automechaniker/in	_____
Bäcker/in	_____
Friseur/in	_____
Krankenschwester	_____
Kindergärtner/in	_____
Verkäufer/in	_____
Kellner/in	_____

Eine Sekretärin arbeitet im Büro. Sie telefoniert, arbeitet am Computer, schreibt Briefe und E-Mails.

B Der tabellarische Lebenslauf

1 Wiederholung – Vergangenheitszeiten. Das Berufsleben von Frau Pikalewa, 34 Jahre alt. Lesen Sie den Text und ergänzen Sie die Verben im Perfekt. Für *sein* und die Modalverben benutzen Sie das Präteritum. 📖 B/1

besuchen	arbeiten	machen	heiraten	abschließen	können
arbeiten	umziehen	sein	müssen	beginnen	

Inna Pikalewa
Germesheimer Weg 68
50129 Köln

Ich heiße Inna Pikalewa und _____ *bin* _____ am 11.12.1969 in Moskau geboren.

Dort _____ *habe* _____ ich von 1975 bis 1982 die Grundschule bis zur 6. Klasse

_____ .

Im Jahre 1983 _____ meine Familie nach Turkmenistan _____ .

Dort _____ ich 1987 in der Mittelschule mein Abitur _____ .

1991 _____ ich eine dreijährige Ausbildung als Bürokauffrau auf dem Industrie-

technikum _____ . 1988 _____ ich _____ .

Ich habe eine Tochter, sie ist 15 Jahre alt.

Meine Tätigkeit als Sekretärin _____ ich 1991 in einem Krankenhaus

_____ und ich _____ dort bis 1994 _____ .

Aus politischen Gründen _____ wir 1994 aus Turkmenistan flüchten. Danach

_____ wir in Deutschland bleiben.

Von 1994 bis 1997 _____ ich in Köln bei einer italienischen Modefirma in

meinem Beruf _____ . Von 1997 bis 2003 _____ ich als

Sekretärin bei einer großen Exportfirma tätig.

Meine Interessen sind Sport und Mode. Russisch ist meine Muttersprache und ich spreche noch

Italienisch und Deutsch.

Köln, 10.01.2004

2 Ergänzen Sie die Angaben in der richtigen Reihenfolge. Vergleichen Sie, wenn nötig, im Kursbuch B/1.

Schulbildung	Vorname	**Interessen**	Name	~~Geburtsdatum~~
	Familienstand	Geburtsort	**Berufsausbildung**	Anschrift

```
                        Lebenslauf


Angaben zur Person
```

_____   _____

_____   _____

_____   _____

Geburtsdatum   _11. 12. 1969_

_____   _____

_____   _____

_____   _____

_____   _____

_____   _____

```
Berufserfahrung
```
_____

_____

_____

_____

```
Fremdsprachen
```
_____

_____   _____

3 Markieren Sie im Text auf Seite 77 die passenden Informationen und ergänzen Sie den tabellarischen Lebenslauf von Frau Pikalewa.

Ich heiße Inna Pikalewa und bin am 11.12.1969 in …

C Als ich 18 war, …

1 Wiederholung – *dass*-Sätze. Lesen Sie noch einmal den Text auf Seite 77 und schreiben Sie Sätze wie im Beispiel.

Beispiel: Frau Pikalewa schreibt, dass sie 1969 geboren ist.

1. *Sie schreibt, dass sie von 1975 bis* _____

2. _____

3. _____

4. _____

5. _____

6. _____

7. _____

8. _____

9. _____

2 Schreiben Sie die passenden Fragen wie im Beispiel. 📖 C/2

Beispiel: + Wie alt war Frau Pikalewa, als sie nach Turkmenistan umgezogen ist?
    – Sie war 14 Jahre alt.

1. + _____ ?
    – Sie war 18 Jahre alt.

2. + _____ ?
    – Sie war 19 Jahre alt.

3. + _____ ?
    – Sie war 21 Jahre alt.

4. + _____ ?
    – Sie war 24 Jahre alt.

5. + _____ ?
    – Sie war 27 Jahre alt.

Wie alt ist sie jetzt?

3 In 80 Tagen um die Welt. Kirsten hat eine Weltreise gewonnen und viele berühmte Orte besucht. Was hat sie wo gesehen?

a) Ordnen Sie die Fotos den Orten zu.

1. ☐ Gizeh
2. ☐ Sydney
3. ☐ Rom
4. ☐ New York
5. ☐ Südafrika
6. ☐ Moskau
7. ☐ Buenos Aires
8. ☐ Istanbul

 b) Nach ihrer Rückkehr stellen ihre Freunde viele Fragen. Schreiben Sie Fragen und Antworten wie im Beispiel.

Beispiel: + Kirsten, was hast du gesehen, als du in Gizeh warst?
          – Als ich in Gizeh war, habe ich die Pyramiden gesehen.

~~Pyramiden sehen~~	Vatikan besuchen	in der Oper sein
den Krüger-Nationalpark besuchen	zum Roten Platz gehen	die Hagia Sophia besichtigen
Tango tanzen	den Broadway sehen	

c) **Und was kennen Sie?**
   Erzählen Sie im Kurs.

Als ich in … war, habe ich …

D Wenn ich die Arbeit bekomme, …

1 a) **Sehen Sie sich die Bilder an und ordnen Sie die Tätigkeiten zu.** 📖 D/3

☐ eine Geschichte vorlesen
☐ immer einschlafen
☐ ein Glas warme Milch mit Honig trinken
☐ schwimmen gehen
☐ Blumen mitbringen
☐ viel lernen

b) **Was macht Boris, wenn …? Schreiben Sie Sätze wie im Beispiel.**

Beispiel:
nicht schlafen können → Wenn Boris nicht schlafen kann, trinkt er ein Glas warme Milch mit Honig.

1. seine Tochter ist krank

_____

2. Prüfung haben

_____

3. seine Eltern besuchen

_____

4. zu dick werden

_____

5. fernsehen

_____

2 a) **Was passt? Ordnen Sie zu.**

Arbeit suchen / du ☐1
essen / wir ☐2
Miete überweisen / du ☐3
nach Köln fahren / wir ☐4
den Arbeitsvertrag unterschreiben / du ☐5
einkaufen gehen / wir ☐6

a ihn genau lesen
b mit den Hausaufgaben fertig sein
c mein Gehalt bekommen
d das Fleisch fertig sein
e die Deutschprüfung machen
f das Auto aus der Werkstatt kommen

b) **Fragen Sie mit *wann* und antworten Sie mit *wenn* wie im Beispiel.**

Wann suchst du Arbeit?

Wenn ich die Deutschprüfung gemacht habe.

3 *Wenn* **und Modalverben. Schreiben Sie Sätze wie im Beispiel.** 📖 D/4

Beispiel: Ich möchte als Taxifahrer arbeiten. Ich muss den Führerschein haben.
→ Wenn ich als Taxifahrer arbeiten möchte, muss ich den Führerschein haben.

1. Ich möchte mich auf eine Anzeige bewerben. Ich sollte etwas über die Firma wissen.

_____

2. Ich möchte ein gutes Bewerbungsgespräch führen. Ich darf nicht sofort nach dem Gehalt fragen.

_____

3. Ich unterschreibe einen Arbeitsvertrag. Ich muss ihn genau lesen.

_____

4. Wir wollen am Wochenende grillen. Es darf nicht regnen.

_____

5. Ich mache eine Geburtstagsparty. Ich möchte leckere Sachen kochen.

_____

4 **Ergänzen Sie die Sätze.**

1. Wenn ich in den Urlaub fahre, _____ .

2. Wenn ich den Deutschkurs beendet habe, _____ .

3. Wenn ich Geburtstag habe, _____ .

4. Wenn ich alt bin, _____ .

E Die erste Woche

1 a) **Sie können schon viele Wörter. Wer muss was tun?**
Ordnen Sie die Tätigkeiten den Berufen auf den Fotos zu.
Manchmal gibt es mehrere Möglichkeiten. 📖 E/1

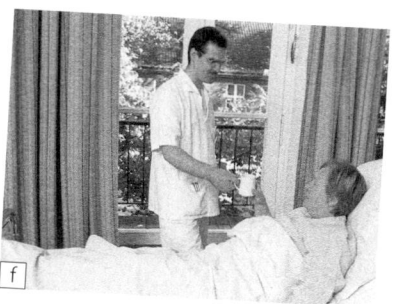

_____ die Gäste begrüßen	_____ die Patienten waschen	_____ Geld zählen
_____ mit den Kinder spielen	_____ etwas einpacken	_____ das Geschirr abräumen
_____ das Restaurant fegen	_____ Tische reservieren	_____ viele Spiele kennen
_____ viel schreiben und lesen	_____ rechnen können	_____ Gläser spülen
_____ Betten machen	_____ etwas umtauschen	_____ eine Reise planen
_____ telefonieren	_____ einen Verband machen	_____ sich gut mit Patienten verstehen
_____ Bücher finden	_____ aufräumen	_____ viel Kaffee oder Tee trinken
_____ viel denken	_____ viel lernen	
_____ Wein bringen	_____ planen und ordnen	_____ Briefe und E-Mails schreiben
_____ Lieder singen	_____ höflich sein	

b) **Arbeiten Sie zu zweit.**
Schreiben Sie mindestens
drei Sätze zu jedem Beruf
auf einen Zettel.

> Ein Kellner muss das Geschirr abräumen.
> Er muss höflich sein.
> Er

2 **Ein Spiel. Legen Sie alle Zettel auf einen Tisch und ziehen Sie einen. Spielen Sie ohne Worte**
(Pantomime) die Tätigkeiten auf dem Zettel. Die anderen raten den Beruf.

1 Lösen Sie das Wörterrätsel.

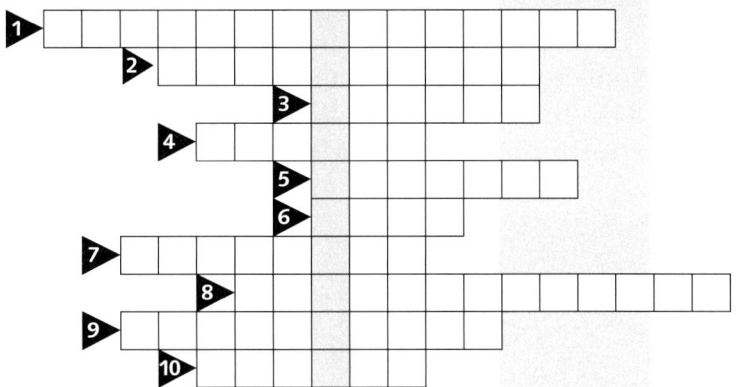

1. Ich suche Arbeit. In der Zeitung sehe ich mir die … an.
2. Für eine Bewerbung brauche ich einen tabellarischen … .
3. Ein anderes Wort für Lohn.
4. Ich habe sehr viel zu tun. Ich habe viel … .
5. Ich habe keine regelmäßigen Arbeitszeiten, ich muss … arbeiten.
6. Meine Kollegen und ich sind ein … .
7. Ich habe einen besseren Job bekommen. Ich habe … gemacht.
8. Ich habe keinen Chef. Ich bin … .
9. Ich habe viel gelernt. Ich habe eine gute … .
10. Mit diesem Zeugnis kann man studieren.

Lösungswort: Ich bin nicht selbstständig, ich bin ⎯⎯ ⎯⎯ ⎯⎯ ⎯⎯ ⎯⎯ ⎯⎯ ⎯⎯ ⎯⎯ ⎯⎯ .

2 Ergänzen Sie *als – wenn – wann*.

1. + _____ bist du eigentlich in die Schule gekommen?

   – 1996. Und _____ ich mit der Schule fertig bin, mache ich eine Ausbildung als Friseurin.

2. _____ ich Nadja das letzte Mal getroffen habe, sind wir Eis essen gegangen.

   Das machen wir gern, _____ es warm ist.

3. _____ ich nach Deutschland gekommen bin, habe ich sofort einen Deutschkurs besucht.

   Und _____ ich weiter lerne, spreche ich bald noch viel besser.

3 *wenn*-Sätze und trennbare Verben. Schreiben Sie Sätze.

1. du das Zimmer aufräumen – ich es nicht aufräumen

   Wenn du das Zimmer aufräumst, räume ich es nicht auf. _____

2. du mich einladen – ich dich auch einladen

   _____

3. ihr einkaufen – wir nicht einkaufen

   _____

4. Sie mich anrufen – ich Sie nicht anrufen

   _____

4 In *Pluspunkt Deutsch* haben Sie schon viele Situationen aus dem täglichen Leben geübt. Wiederholen Sie diese Situationen. Arbeiten Sie zu zweit, wählen Sie drei Situationen aus, machen Sie Notizen und spielen Sie die Situationen dann im Kurs vor.

1.
Sie haben eine Kaffeemaschine gekauft. Aber sie funktioniert nicht. Das Wasser wird überhaupt nicht warm. Sie möchten die Maschine gern umtauschen. Gehen Sie in das Geschäft und sprechen Sie mit dem Verkäufer / der Verkäuferin.

6.
Diskutieren Sie über das Fernsehprogramm der letzten Woche. Was hat Ihnen gefallen, was nicht? Wenn Sie nicht ferngesehen haben, sprechen Sie über ein Radioprogramm oder einen Film im Kino.

2.
Sie möchten einen Radiowecker umtauschen. Er gefällt Ihnen nicht. Sie können aber den Kassenbon nicht mehr finden. Sprechen Sie mit dem Verkäufer / der Verkäuferin.

7.
Ihr Freund / Ihre Freundin hat Sie am Samstag ins Kino eingeladen. Leider können Sie am Samstag nicht. Sagen Sie, dass es Ihnen leid tut und schlagen Sie einen anderen Termin vor.

3.
In der Bank. Sie möchten eine Überweisung ausfüllen. Bitten Sie den Angestellten / die Angestellte am Schalter um Hilfe.

8.
Ihr Freund / Ihre Freundin hat den Führerschein gemacht. Laden Sie ihn / sie zu einem Essen ein.

4.
Sie brauchen Briefmarken. Gehen Sie zur Post.

9.
Ihr Chef hat nächsten Mittwoch einen wichtigen Termin. Sie hören aber, dass er am nächsten Mittwoch Urlaub machen will. Rufen Sie ihn an und erinnern Sie ihn an seinen Termin.

5.
Sie sind auf dem Wochenmarkt und suchen frisches Gemüse. Fragen Sie, was es gibt.

10.
Es ist Freitagabend. Die Banken haben geschlossen und Sie haben noch keine EC-Karte. Vielleicht kann Ihr Freund / Ihre Freundin Ihnen etwas leihen.

A1

Teilnahme, die, * _____

ehrenamtlich _____

anerkennen, anerkannt _____

nebenbei _____

Fabrik, die, -en _____

abbrechen, abgebrochen _____

dringend _____

erfolgreich _____

abschließen, abgeschlossen _____

Friseursalon, der, -s _____

angestellt (sein) _____

Mode, die, -n _____

großziehen, großgezogen _____

ausziehen, ausgezogen _____

kinderlieb _____

Bedingung, die, -en _____

Haushaltshilfe, die, -n _____

liebevoll _____

Stellenangebot, das, -e _____

Kleinanzeige, die, -n _____

Job, der, -s _____

gratis _____

Bekannte, der/die, -n _____

A2

Anruf, der, -e _____

Arbeitszeit, die, -en _____

Mitarbeiter/in, der/die -/-nen _____

Trend, der, -s _____

Erfahrung, die, -en _____

Lebenslauf, der, "-e _____

Auf Wiederhören! _____

Fähigkeit, die, -en _____

vorstellen (2) (etw.) _____

beachten _____

ordentlich _____

achten (+ auf + Akk.) _____

B

Anschrift, die, -en _____

Schulbildung, die, * _____

Ausbildung, die, -en _____

Weiterbildung, die, * _____

Seminar, das, -e _____

Interesse, das, -n _____

Selbstständigkeit, die, * _____

Intensivkurs, der, -e _____

Gymnastik, die, * _____

chronologisch _____

C

als (2) _____

Kuss, der, "-e _____

Examen, das, Pl.: Examina _____

Fremdsprache, die, -n _____

fremd _____

D

Gefühl, das, -e _____

Frisur, die, -en _____

abwarten _____

E

Anweisung, die, -en _____

Handtuch, das, "-er _____

waschen, gewaschen _____

Waschbecken, das, - _____

fegen _____

Aschenbecher, der, - _____

leeren _____

Kanne, die, -n _____

spülen _____

saugen _____

Alles klar

ziehen, gezogen _____

Kreuzfahrt, die, -en _____

Regenschirm, der, -e _____

traurig _____

Bewerber/in, der/die, -/-nen _____

Ein Spiel

Wiederholung – Wortschatz und Grammatik. Sie brauchen einen Würfel und
eine Spielfigur. Gehen Sie so viele Felder, wie der Würfel anzeigt. Lösen Sie die Aufgabe
auf den Feldern. Dann dürfen Sie ein Feld weiter gehen. Auf einem leeren Feld
müssen Sie nichts machen.

START

Sagen Sie
einen Satz mit *weil*
und einen Satz
mit *wenn*.

Sagen Sie
das Alphabet von
hinten. Beginnen
Sie mit *L*.

Was kauft man
im Supermarkt?
Nennen Sie fünf
Sachen (Singular/
Plural).

Nennen Sie
fünf Länder in
Europa.

Nennen Sie
fünf Städte in
Deutschland.

Sagen Sie
fünf Wörter, die
mit *a-* anfangen.

Sagen Sie
ein langes Wort
mit mehr als zehn
Buchstaben.

Wie heißen
die Monate auf
Deutsch?

Wie heißt
das Perfekt von
*verlieren/
frühstücken/
vergessen*?

Nennen Sie fünf
Schulfächer.

Lesen Sie laut:
7777 – 4444
= 3333

Nennen Sie
fünf trennbare
Verben im Präsens
und Perfekt.

Nennen Sie
fünf Getränke
(Singular/Plural).

ZIEL

Nennen Sie
fünf Gegenstände
aus dem Klassen-
raum (Singular/
Plural).

Wie heißt
das Perfekt von
*bleiben/lachen/
treffen*?

Nennen Sie
fünf Kleidungs-
stücke
(Singular/Plural).

Sagen Sie
fünf Wörter, die mit
sch- anfangen.

Nennen Sie
fünf Adjektive mit
ihrem Gegenteil.

A Freitag, der Dreizehnte

1 **Was ist Herrn Jakob letzte Woche am Freitag, den Dreizehnten passiert?**
Sehen Sie sich die Bilder an und schreiben Sie Sätze. A/1

6.00 Uhr aufstehen /
Wecker nicht hören

8.00 Uhr Büro / Zug
nicht pünktlich

10.00 Uhr Fax schicken /
Faxgerät kaputt

mittags Park / regnen

nach der Arbeit
Freund besuchen /
Adresse nicht finden

Brot kaufen / letzte
Brot schon weg

Fußballspiel / Fernseher
kaputt

früh ins Bett / nicht
einschlafen, weil …

1. _Herr Jakob wollte um 6.00 Uhr aufstehen, aber er hat seinen Wecker nicht gehört._

2. _____

3. _____

4. _____

5. _____

6. _____

7. _____

8. _____

2 Finden Sie im Suchrätsel acht Wörter zum Thema *Glück und Unglück.*
Notieren Sie sie mit Artikel. 📖 A/4

A	U	G	L	U	E	C	K	S	K	A	E	F	E	R	O
R	H	L	E	N	V	A	E	C	L	U	H	O	S	T	I
T	I	U	R	S	A	S	R	H	E	T	U	S	A	A	S
S	C	E	D	O	Z	U	M	W	E	E	X	S	I	K	A
U	S	C	A	B	B	V	O	A	B	P	M	I	K	E	R
Q	P	K	G	U	L	L	S	R	L	F	O	N	L	I	P
R	I	S	O	K	O	N	T	Z	A	O	J	T	A	J	E
A	S	P	E	C	H	U	U	E	T	Y	P	O	V	R	G
S	S	I	N	O	A	T	L	K	T	K	A	S	I	A	I
L	J	L	G	E	F	S	T	A	L	I	S	M	A	N	S
O	U	Z	O	J	L	U	R	T	Z	E	W	S	T	U	E
L	L	E	M	D	R	E	I	Z	E	H	N	T	A	U	Y
S	C	H	O	R	N	S	T	E	I	N	F	E	G	E	R

UE = Ü
AE = Ä

1. *das Kleeblatt*   5. _____

2. _____   6. _____

3. _____   7. _____

4. _____   8. _____

3 Lesen Sie den Text im Kursbuch A/3 noch einmal.
Was ist richtig? Kreuzen Sie an.

1. 40 Prozent der Wolkenkratzer in den USA …
a) ☐ haben nur 13 Stockwerke.
b) ☐ haben keinen 13. Stock.
c) ☐ haben 13 Eingänge.

2. Viele Leute sagen: Eine schwarze Katze …
a) ☐ ist ein Glücksbringer.
b) ☐ braucht einen Talisman.
c) ☐ bringt Unglück.

3. Viele Deutsche …
a) ☐ sind heimlich abergläubisch.
b) ☐ glauben an Schornsteinfeger.
c) ☐ pflanzen vierblättrige Kleeblätter.

4. Schornsteinfeger …
a) ☐ gewinnen oft im Lotto.
b) ☐ sind immer glücklich.
c) ☐ sind für viele Glücksbringer.

4 Erinnern Sie sich? Was passiert Doreen Marks am Freitag, den Dreizehnten?
Ergänzen Sie.

1. Doreen möchte sich duschen, aber _____.

2. Sie will sich die Zähne putzen, doch _____.

3. Sie möchte sich einen Kaffee kochen, aber _____.

4. Sie will sich setzen, aber _____.

B1 Reflexive Verben

1 **Dativ oder Akkusativ? Streichen Sie das falsche Reflexivpronomen durch.** 📖 B1/2

1. Bitte beeil dich, Sabrina! Ich muss ~~mir~~/mich duschen.
2. Ich bin gleich fertig im Bad. Ich muss mir/mich nur noch die Haare kämmen.
3. Hast du dir/dich auch die Zähne geputzt, Michael?
4. Warum föhnst du dir/dich immer stundenlang die Haare?
5. Rasierst du dir/dich denn heute nicht, Thomas?
6. Einen Moment, Kinder! Ich muss mir/mich noch die Hände waschen.
7. Ich muss mir/mich beeilen. Ich will nicht zu spät zur Arbeit kommen.
8. Nach dem Mittagessen mache ich mir/mich immer einen Kaffee.

2 **Sehen Sie sich die Zeichnungen an und bilden Sie Sätze mit den reflexiven Verben im Kasten.**

Fotos ansehen   die Schuhe anziehen
eincremen   duschen   föhnen   rasieren
die Hände waschen   die Zähne putzen

1. Sabrina _____ .

2. Thomas _____ .

3. Burhan _____ .

4. Maria _____ .

5. Jana _____ .

6. Boris _____ .

7. Herr und Frau Nobel _____ .

8. Akiro _____ .

3 Ergänzen Sie die Reflexivpronomen. 📖 B1/5

1. Herr Yildirim interessiert _____ für alte Autos.

2. Hast du _____ schon bei deiner Schwester entschuldigt?

3. Wir haben _____ über das schlechte Essen beschwert.

4. Ich muss _____ jeden Morgen rasieren.

5. Könnt ihr _____ noch an den Termin erinnern?

6. Sabrina schminkt _____ jeden Tag.

7. Hast du _____ seine Telefonnummer gemerkt?

8. Habt ihr _____ auch warm genug angezogen?

9. Herr und Frau Buck haben _____ gestern den Film angesehen.

4 a) **Hören Sie die Interviews. Gehen die Personen gern ins Kino?**
   Kreuzen Sie an.

b/3

	ja	nein
Person 1	☐	☐
Person 2	☐	☐
Person 3	☐	☐
Person 4	☐	☐
Person 5	☐	☐

b) **Lesen Sie die Sätze aus dem Interview. Unterstreichen Sie die reflexiven Verben**
   und notieren Sie die Infinitive mit den Präpositionen.

1. Ja, ich interessiere mich für neue Filme und gehe gern ins Kino.
2. Ich freue mich auf den neuen Film mit Julia Roberts.
3. Früher waren wir oft im Kino. Aber dann haben wir uns über viele Filme geärgert.
   Jetzt sehen wir lieber fern.
4. Ich gehe meistens mit Freundinnen ins Kino. Mein Mann kümmert sich dann um unser Baby.
5. Wir haben uns oft über die hohen Preise für Kinokarten beschwert. Wir gehen deshalb
   fast nie ins Kino.

1. _sich interessieren für_ _____ 4. _____

2. _____ 5. _____

3. _____

5 Bilden Sie Sätze und ergänzen Sie die fehlenden Präpositionen.

1. sich kümmern – ich – müssen – meine Schwester – morgen

Ich muss mich morgen um meine Schwester kümmern.

2. sich interessieren – Fußball – Markus

_____

3. sich ärgern – das schlechte Wetter – die Touristen

_____

4. sich bedanken – wir – müssen – das Geschenk – noch

_____

5. sich beschweren – deiner Chefin – du – ?

_____

6. sich freuen – den Urlaub – ihr – nächste Woche – ?

_____

7. sich entschuldigen – ich – müssen – Monika

_____

6 Sehen Sie sich die Bilder an. Was haben Sie gemacht? Benutzen Sie das Perfekt.

1.
Sie haben Fußball gespielt.

→ *Ich habe mich geduscht.*

2.
Ihre Haare waren feucht.

→ _____

3.
Ihre Hände waren schmutzig.

→ _____

4.
Sie sind zu spät gekommen.

→ _____

5.
Sie hatten trockene Haut.

→ _____

6.
Sie haben Schokolade gegessen.

→ _____

7.
Es war sehr kalt.

→ _____

8.
Sie haben ein Geschenk bekommen.

→ _____

B2 Verben mit Präpositionen – Fragen und Antworten

1 Wiederholung – Verben mit Präpositionen. Ergänzen Sie die Präpositionen und den Kasus (Akkusativ oder Dativ). Schreiben Sie Sätze.

an – auf – für – mit – nach – über – um – von – zu

Infinitiv	Präposition	
aufpassen	*auf + Akkusativ*	*Ich passe auf meinen Bruder auf.*
beginnen		
berichten		
bitten		
danken		
denken		
fragen		
gratulieren		
informieren		
telefonieren		
träumen		
warten		

2 Ergänzen Sie die Fragewörter und die Präpositionen. 📖 B2/6

1. + *Über wen* _____ hast du dich geärgert? – _____ Sabrina.

2. + *Worüber* _____ ärgerst du dich? – _____ die laute Musik.

3. + _____ hat Frau Binz telefoniert? – _____ ihrem Mann.

4. + _____ hast du geträumt? – _____ meinem Urlaub in der Türkei.

5. + _____ interessierst du dich? – _____ Musik.

6. + _____ hast du dich beschwert? – _____ das Essen.

7. + _____ wartet Herr Lehmann? – _____ seine Frau.

3 Arbeiten Sie zu zweit. Ergänzen Sie die Fragewörter. Fragen Sie sich gegenseitig und antworten Sie.

1. _Wovon / Von wem_ _____ haben Sie letzte Nacht geträumt?

2. _____ denken Sie oft?

3. _____ haben Sie sich in der letzten Zeit geärgert?

4. _____ haben Sie schon oft gewartet?

5. _____ erinnern Sie sich, wenn Sie an Ihre Schulzeit denken?

6. _____ freuen Sie sich?

4 Ergänzen Sie und sprechen Sie danach die Dialoge.

1. + _Wofür_ _____ interessieren Sie sich besonders?

   – _Für_ _____ Autos. Sie auch?

   + Nein, _____ interessiere ich mich überhaupt nicht. Ich fahre lieber Rad.

2. + Du bist heute so ruhig. _____ denkst du den ganzen Tag?

   – Ach, _____ die Deutschprüfung.

   + Die wird bestimmt nicht so schwer. Denk gar nicht _____ !

3. + _____ habt ihr gestern gesprochen? – _____ meine Arbeit.

   + Schon wieder? _____ habt ihr doch schon so oft gesprochen.

4. + Ich möchte mich herzlich bei Ihnen bedanken.

   – _____ ? + _____ Ihre Hilfe.

   – Ach, _____ müssen Sie sich nicht bedanken.

5. + Sie haben aber gute Laune, Herr Neuß. _____ freuen Sie sich so?

   – _____ das Wochenende.

   + _____ freue ich mich auch. Meine Kinder kommen zu Besuch.

6. + _____ wartet ihr denn so lange? – _____ Lars.

   + Das ist typisch. Ich habe gestern auch lange _____ gewartet.

7. + Hat die Chefin dich schon _____ das neue Projekt informiert?

   – Ja, _____ hat sie mich gestern informiert.

C Eine Notiz

1 Ergänzen Sie die Notizen mit den Sätzen im Kasten. 📖 C/3

> a) Wenn Sie das Päckchen dringend brauchen, können Sie mich heute unter 0171-6759872315 anrufen. Frieder Butzmann
>
> b) Kannst du noch Brot und Butter holen? Gruß Andrea
>
> c) Wenn Sie Fragen haben, können Sie uns unter der Nummer 562 98 76 in der Zeit von 7.30 Uhr bis 16.00 Uhr anrufen. Ihre Hausverwaltung Wartemann
>
> d) Ich nehme am Bahnhof dann den Bus. Ich habe nur wenig Gepäck, das ist kein Problem. Bis später! Kai

1.

Hallo, Florian,

ich bin mit Susanne ins Kino gegangen und komme erst spät zurück.

_____

_____

2.

Hallo, Schatz,

ich nehme morgen den Zug um 16.47 Uhr, denn wir sind erst am Nachmittag mit der Arbeit fertig.

_____

_____

3.

Liebe Frau Herold, ich habe für Sie ein Päckchen angenommen. Leider bin ich heute Abend

nicht zu Hause. Sie können es morgen Abend ab 19.00 Uhr bei mir abholen.

_____

_____

4.

An die Mieter im Haus Silberburgstraße 89!
Am nächsten Dienstag, dem 16.07., gibt es von 6.00 Uhr bis 15.00 Uhr kein Wasser.
Der Grund sind dringend notwendige Reparaturarbeiten.

_____

_____

2 **Sehen Sie sich die Bilder an und schreiben Sie kurze Notizen.**
Die Redemittel im Kasten helfen.

> Paket abgegeben – nicht zu Hause – später anrufen
>
> Zug verpasst – erst heute Abend ankommen – nicht mit dem Essen warten müssen
>
> Milch und Kaffee einkaufen – keine Zeit haben – erst um 21.00 Uhr zurück sein

Lieber Herr Michels,

_____

_____

_____

_____

_____

Lieber Franz,

_____

_____

_____

_____

_____

Liebe Pia,

_____

_____

_____

_____

_____

3 **Hören Sie die vier Nachrichten und kreuzen Sie an.**

2b/4

1. Wann geht Susanne zur Party?
   a) ☐ Um 6 Uhr.
   b) ☐ Nachmittags.
   c) ☐ Erst später.

2. Wann will Herr Bende kommen?
   a) ☐ Am Mittwoch.
   b) ☐ Am Donnerstag.
   c) ☐ Am Dienstag.

3. Wo liegt die Brille?
   a) ☐ Im Kino.
   b) ☐ Auf dem Regal.
   c) ☐ In der Tasche.

4. Wer hat das Matheheft?
   a) ☐ Christian.
   b) ☐ Dieter.
   c) ☐ Anna.

D Computerdeutsch

1 Alles über Computer. Was passt zusammen? Verbinden Sie. 📖 D/2

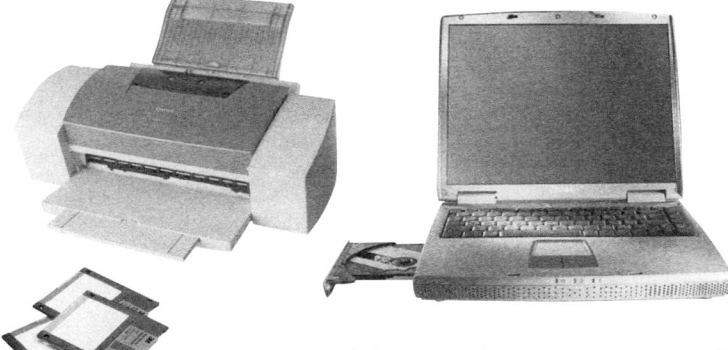

Auf dem Monitor ☐1 | ☐a ist mehr Platz als auf Disketten.
Mit dem Drucker ☐2 | ☐b kann man Bilder und Filme speichern.
Mit der Maus ☐3 | ☐c kann man Texte lesen.
Auf einer Diskette ☐4 | ☐d kann man Dateien speichern.
E-Mails ☐5 | ☐e kann man Texte und Bilder ausdrucken.
Im Internet ☐6 | ☐f kann man sich über viele Dinge informieren.
Auf der Tastatur ☐7 | ☐g sind Buchstaben und Zahlen.
Auf DVDs ☐8 | ☐h sind elektronische Briefe.
Auf CD-ROMs ☐9 | ☐i bewegt man den Pfeil auf dem Monitor.

2 Lesen Sie den Text und kreuzen Sie an: richtig oder falsch?

Medienkompetenz für Kinder

Computer gehören zu unserem Leben – ohne PC kann man sich den Alltag heute nicht mehr vorstellen. Computer werden jetzt in einem Projekt in Hessen für Kinder von 3 bis 10 Jahren benutzt. Können Computer im Kindergarten eine Lernhilfe sein? Diese Frage wollen Prof. Thaenert und sein Team beantworten.

Klar ist, der Computer ist für viele Kinder interessant und es gibt viele Internetseiten speziell für Kinder. Deshalb wird Medienkompetenz für Kinder immer wichtiger. Sie sollen früh lernen, wie man den Computer und das Internet benutzen kann. Die Kinder sollen erfahren, was gute und was schlechte Internetseiten sind, worauf man im Internet achten muss und wie man Informationen sucht.

	richtig	falsch
1. Computer sind nicht sehr wichtig im Alltag.	☐	☐
2. Kinder sollen lernen, wie man PCs benutzt.	☐	☐
3. Im Internet gibt es wenig Informationen für Kinder.	☐	☐

1 **Was ist richtig? Kreuzen Sie an.**

1. + Hast du mein Buch mitgebracht?
   – Oh, tut mir leid, … habe ich nicht gedacht.
   a) ☐ daran
   b) ☐ an es
   c) ☐ davon
   d) ☐ von ihm

2. Ich freue mich auf meinen Urlaub.
   Ich habe heute Nacht schon … geträumt.
   a) ☐ dafür
   b) ☐ für ihn
   c) ☐ davon
   d) ☐ von ihm

3. Ricardo kommt immer so spät.
   Ich habe den ganzen Abend … gewartet.
   a) ☐ auf ihn
   b) ☐ darauf
   c) ☐ für ihn
   d) ☐ dafür

4. Gibst du mir seine Telefonnummer?
   Dann kann ich morgen … telefonieren.
   a) ☐ ihn
   b) ☐ an ihn
   c) ☐ mit ihm
   d) ☐ zu ihm

2 **a)** **Ergänzen Sie *mir/mich/dir/dich* und spielen Sie den Dialog.**

+ Hallo, Anja, wie geht es _____ ?

– Jetzt wieder ganz gut. Aber der Tag heute …

  Du glaubst _____ bestimmt nicht …
+ Erzähl mal, was ist denn passiert?
– Na ja, Freitag, der Dreizehnte. Ich hatte nur Pech.
+ Du bist doch nicht abergläubisch?

– Nein, aber lass _____ erzählen. Ich bin aufgestanden und wollte _____ die Zähne putzen.

  Aber die Zahnpastatube war leer. Dann wollte ich _____ duschen. Das Wasser war kalt.

  Dann wollte ich _____ einen Kaffee kochen. Aber die Kaffeemaschine war kaputt.

+ Und du hast _____ bestimmt auch über das schlechte Wetter geärgert.
– Ja, und außerdem konnte ich meinen Regenschirm nicht finden. Ich bin ganz schön nass geworden.

  Ich glaube, ich werde krank. _____ geht es nicht gut. Mein Hals tut _____ weh.

+ Koch _____ doch später einen heißen Tee! Übrigens, ich kann _____ meinen Schirm
  leihen. Ich brauche ihn nicht unbedingt, ich habe noch eine Regenjacke.

– Danke, das ist nett von _____ . Tut _____ leid, dass ich _____ die ganze Zeit

  beschwert habe. Jetzt freue ich _____ auf einen ruhigen Abend.

b) **Schreiben und spielen Sie den Dialog in der Höflichkeitsform. Achten Sie auf den Imperativ!**

+ Guten Abend Frau Schneider, wie geht es Ihnen ?
– Jetzt wieder ganz gut. Aber der Tag heute … Sie glauben …
+ Erzählen Sie mal …

3 Was ist für Sie Glück? Schreiben Sie drei Sätze und vergleichen Sie im Kurs.

Glück ist für mich, wenn _____

Glück ist für mich, wenn _____

Glück ist für mich, _____

4 a) Frau Schmidt findet in ihrem Briefkasten eine Notiz vom Schornsteinfeger. Sie ruft ihn an, weil sie am 14. November vormittags nicht zu Hause sein kann. Ordnen Sie den Dialog und spielen Sie ihn zu zweit.

> Am Montag, den 14. November zwischen 8.30 und 12 Uhr kommt der Schornsteinfeger zur Kontrolle Ihrer Heizung.
> Wenn Sie an diesem Tag nicht zu Hause sind, rufen Sie mich bitte an.
>
> Heinz Berger
> Bezirksschornsteinfeger
> Lindenstraße 13, 60487 Frankfurt
> Tel.: 069 / 48 76 32

Herr Berger

☐1 Heinz Berger, guten Tag.

☐ Parkstraße 20 haben Sie gesagt ... Ja, jetzt habe ich es gefunden. Mal sehen ... Geht es vielleicht am 14. November später, so gegen 18 Uhr?

☐ Gut, dann notiere ich das: Frau Schmidt, Parkstraße 20, 14. November, 18 Uhr. Alles klar, dann bis Montag.

☐ Ja, das ist sicher möglich. Einen Moment. Ich hole mir mal meine Liste. Wie ist Ihre Adresse?

☐ Meinen Sie die Kontrolle Ihrer Heizgeräte?

Frau Schmidt

☐2 Guten Tag, Herr Berger, hier Schmidt. Ich rufe an, weil ich eine Nachricht von Ihnen im Briefkasten gefunden habe.

☐ Vielen Dank, bis Montag. Auf Wiederhören.

☐ Ja, das geht. Dann bin ich wieder zu Hause.

☐ Parkstraße 20.

☐ Ja, deshalb rufe ich an. Ich kann am nächsten Montag, am 14. November nicht zu Hause sein. Können wir einen anderen Termin ausmachen?

b) Verändern Sie den Dialog. Lesen Sie die Situationen und schreiben und spielen Sie die Telefongespräche.

1. Sie sind am 14. November nicht zu Hause. Sie geben aber Ihrem Nachbarn / Ihrer Nachbarin den Schlüssel für Ihre Wohnung. Rufen Sie Herrn Berger an und sagen Sie Bescheid.

2. Sie fahren am 14. November in Urlaub. Vielleicht kann der Schornsteinfeger in der Woche vor dem 14. November kommen. Fragen Sie ihn.

Alltag, der, *

Alltagsgeschichte, die , -n

A

duschen (sich)

setzen (sich)

Zahnpasta, die, *

Tube, die, -n

Maschine, die, -n

Wäsche, die, *

auslaufen, ausgelaufen

Bedeutung, die, -en

Pech, das, *

Pechtag, der, -e

Portmonee, das, -s

mancher, manche, manches

wahr

schätzen

etwa

Prozent, das, -e

Wolkenkratzer, der, -

Anteil, der, -e

Wohngebäude, das, -

Tagung, die, -en

Tagungsraum, der, "-e

Bar, die, -s

sodass, so dass

niemand

Unglück, das, *

Unglückszahl, die, -en

Etage, die, -n

überwiegend

korrekt

nummerieren

Sitzreihe, die, -n

abergläubisch

heimlich

Katze, die, -n

Glücksbringer, der, -

Talisman, der, -e

bedeuten

Glückskäfer, der, -

Schornstein, der, -e

Schornsteinfeger, der, -

vierblättrig

Kleeblatt, das, "-er

Glückspilz, der, -e

B1

waschen (sich), gewaschen

ewig

stundenlang

eincremen (sich)

föhnen (sich)

schminken (sich)

zu sein, zu gewesen

rufen, gerufen

rasieren (sich)

beziehen (sich + auf + Akk.), bezogen

fest

beschweren (sich + über + Akk.)

merken (sich)

kämmen (sich)

kümmern (sich + um + Akk.)

ärgern (jdn./sich + über + Akk.)

B2

Wartezeit, die, -en

Verhalten, das, *

Konzert, das, -e

Kosten, Pl.

Gas, das, -e

Strom, der, *

Sinn, der, -e, hier: Sinn haben

C

Einzelzimmer, das, - _____

Flug, der, "-e _____

Ticket, das, -s _____

Flugticket, das, -s _____

wegen _____

Reparatur, die, -en _____

Reparaturarbeit, die, -en _____

abstellen _____

*Verständnis, das, *** _____

verschieben, verschoben _____

annehmen, angenommen _____

SMS, die, - _____

wiederkommen, wieder-
gekommen _____

Besprechung, die, -en _____

D

Drucker, der, - _____

Monitor, der, -e _____

Tastatur, die, -en _____

Maus, die, "-e _____

DVD, die, -s _____

CD-ROM, die, -s _____

Laptop, der, -s _____

Diskette, die, -n _____

PC, der, -s (*Abk. für*
Personal Computer) _____

Laufwerk, das, -e _____

CD-ROM-Laufwerk,
das, -e _____

Datei, die, -en _____

speichern _____

Welt, die, -en (*Pl. selten*) _____

Weltnachrichten, Pl. _____

elektronisch _____

persönlich _____

Alles klar

Gaszähler, der, - _____

Stromzähler, der, - _____

*Zutritt, der, *** _____

Lokal, das, -e _____

Gartenlokal, das, -e _____

A Was machen wir am Wochenende?

1 a) **Sehen Sie sich die Fotos an. Was machen die Personen oft am Wochenende? Sammeln Sie Vermutungen im Kurs.** 📖 A/7

Annie Groß, Schülerin

1

Claudia Boot, Hausfrau

3

Benno Oltmann, Student

2

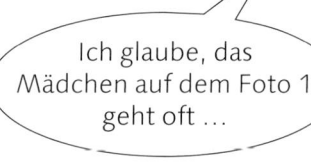

Ich glaube, das Mädchen auf dem Foto 1 geht oft …

Hermann Rund,
Sachbearbeiter

4

Franziska Wiech,
Krankenschwester

5

b) **Lesen Sie die Texte und ordnen Sie sie den Fotos zu.**

a ☐ Am Samstagvormittag putze ich oft meine Wohnung, weil ich in der Woche dafür keine Zeit habe. Dann treffe ich Freunde und wir machen ein zweites Frühstück. Jeder bringt etwas mit, z. B. frische Brötchen oder Orangensaft. Im Sommer machen wir oft eine Radtour oder gehen schwimmen. Manchmal gehen wir abends in eine Bar. Sonntags arbeite ich dann für die Uni. Ich möchte gern öfter zu einem Rockkonzert gehen, aber ich habe nicht so viel Geld.

b ☐ Am Wochenende? Eigentlich bleibe ich meistens zu Hause. Ich habe zwei Kinder, sechs und acht Jahre, deshalb können wir auch am Wochenende nicht lange schlafen. Nach dem Frühstück machen wir unseren Großeinkauf im Supermarkt. Nachmittags gehen wir spazieren, wenn das Wetter schön ist, oder besuchen Oma und Opa. Auch am Wochenende muss ich den Haushalt machen. Ich möchte mit den Kindern gern öfter ins Kino oder in den Zoo gehen, aber das ist für vier Personen teuer. Aber wir haben auch so viel Spaß!

c Am liebsten faulenze ich am Wochenende. Fünf Tage Schule jede Woche und dann noch die Hausaufgaben – das ist viel Stress. Am Freitagabend gehe ich meistens mit meinen Freundinnen in die Disko. Samstags räume ich mein Zimmer auf oder helfe meinen Eltern beim Einkaufen. Später besuche ich meine Freundinnen oder sie kommen zu mir, wir reden und hören Musik. Ich wünsche mir, dass am Wochenende mehr los ist, und natürlich mehr Taschengeld von meinen Eltern!

d Weil ich auch nachts und am Wochenende arbeiten muss, bin ich oft nicht zu Hause oder ich schlafe. Mein Mann passt dann auf unseren Sohn auf. Er geht auch mit ihm einkaufen, auf den Spielplatz oder schwimmen. Wenn ich Zeit habe, machen wir viel zusammen: Im Sommer machen wir Ausflüge oder wir grillen und im Winter fahren wir in die Berge. Manchmal bin ich müde und möchte nur auf dem Sofa sitzen, lesen oder fernsehen. Ich wünsche mir mehr Zeit für mich und meine Familie.

e Ich bin von montags bis freitags von neun bis sechs Uhr im Büro. Manchmal mache ich auch Überstunden und komme erst später nach Hause. Das geht, denn zu Hause wartet niemand auf mich. Ich bin seit zwei Jahren geschieden. Meine neue Partnerin arbeitet auch und wir treffen uns meistens nur am Wochenende. Dann machen wir viel zusammen. Sonntags gehen wir manchmal ins Museum. Unsere Berufe sind anstrengend, deshalb wünschen wir uns oft, dass wir mehr Ruhe und Zeit für unser Privatleben haben.

c) **Markieren Sie in den Texten: Was machen die Personen am Wochenende? Was wünschen sie sich für das Wochenende? Schreiben Sie die Ergebnisse in die Tabelle.**

	Was macht er/sie am Wochenende?	Was wünscht er/sie sich für das Wochenende?
Annie	*faulenzen*	
Benno		*öfter zu einem Rockkonzert*
Claudia		
Hermann		
Franziska		

B Im Haushalt

1 Was fehlt? Sehen Sie sich die Bilder an und schreiben Sie Sätze. 📖 B/4

Herr Hernandez möchte eine
Schraube eindrehen. Er braucht
einen

Herr Klaus möchte

Frau Böhm

Frau Clever

Frau Krakowian

Herr Mizak

2 a) Wie heißen die Sachen? Bilden Sie Wörter und ergänzen Sie Artikel und Pluralform.

1. waschen + Maschine

 = _die Waschmaschine, die Waschmaschinen_

2. bügeln + Eisen

 = _____

3. Kuchen + Form

 = _____

4. Kaffee + Maschine

 = _____

5. Staub + saugen

 = _____

6. Müll + Eimer

 = _____

7. spülen + Maschine

 = _____

8. Hand + Tuch

 = _____

9. Schraube + ziehen

 = _____

10. Regen + Schirm

 = _____

b) Fragen Sie sich gegenseitig und antworten Sie.

> Was kann man mit einer Waschmaschine machen?

> Mit einer Waschmaschine kann man Wäsche waschen.

> Was kann man …

c) Suchen Sie weitere Haushaltsgegenstände im Wörterbuch. Was kann man damit machen? Berichten Sie im Kurs.

3 **Hören Sie zu. Was machen Jeanette, Ahmed und Larissa gern / nicht gern im Haushalt? Ergänzen Sie.**

	☺ macht im Haushalt gern	☹ macht im Haushalt nicht gern
Jeanette		
Ahmed		
Larissa		

4 **Wiederholung – Perfekt und Präteritum. Was mussten Sie als Kind zu Hause machen? Schreiben Sie einen Text und berichten Sie im Kurs.**

Als Kind habe ich … Ich wollte / musste / durfte (nicht) …

C Legen oder liegen?

1 Wiederholung – Wechselpräpositionen. Sehen Sie sich die Bilder an und ergänzen Sie die Präpositionen und die Artikel im Akkusativ oder Dativ.

1. Die Bank ist

_____ Post und

_____ Kiosk.

2. Die Katze läuft

_____ Autos.

3. Sie machen ein Picknick

_____ Baum.

4. Das Auto steht

_____ Haus.

5. Die Kinder gehen

_____ Schule.

6. Die Hausnummer ist

_____ Eingang.

7. Die Gäste sitzen

_____ Tisch.

8. Sie fährt das Auto

_____ Garage.

9. Die Touristen fliegen

_____ Türkei.

10. Die Katze schläft

_____ Bett.

11. Das Auto fährt

_____ Brücke.

12. Die Kinder spielen

_____ Straße.

2 Hannelore und Paul ziehen in eine neue Wohnung. Ergänzen Sie die Sätze mit den Verben im Kasten. 📖 C/3

~~hängen~~	hängen	legen	setzen
sitzen	liegen	stehen	stellen

Hannelore und Paul

_____*hängen*_____

das Bild an die Wand.

Das Bild

_____

an der Wand.

Die Freunde

_____

den Teppich in den Flur.

Der Teppich

_____

im Flur.

Die Freunde

_____

das Sofa ins Wohn-
zimmer.

Das Sofa

_____

im Wohnzimmer.

Am Ende

_____

sich alle auf das Sofa.

Alle

_____

auf dem Sofa.

3 a) **Ordnen Sie die Verben zu.**

~~liegen~~ sitzen stellen stehen ~~hängen~~ legen setzen hängen

Wo? _liegen_____ , _____ , _____ , _____

Wohin? _____ , _hängen_____ , _____ , _____

b) **Welches Partizip II passt? Ergänzen Sie.**

gelegen gesessen gelegt ~~gehangen~~ gehängt gestanden gestellt gesetzt

	Infinitiv	Partizip II		Infinitiv	Partizip II
wo?	liegen	hat _____	*wohin?*	legen	hat _____
	stehen	hat _____		stellen	hat _____
	sitzen	hat _____		setzen	hat _____
	hängen	hat _gehangen_____		hängen	hat _____

4 **Schreiben Sie die Sätze aus Aufgabe 2 im Perfekt.**

5 a) **Herr Kreativ hat sein Zimmer umgeräumt. Notieren Sie fünf Fragen mit *wo* und *wohin*. Die anderen Kursteilnehmer antworten.**

Beispiele:
+ Wo hat der Fernseher vorher gestanden? – Er hat vorher am Fenster gestanden.
+ Wohin hat er den Fernseher gestellt? – Er hat ihn an die Wand gestellt.

vorher

nachher

b) **Haben Sie schon einmal Ihre Wohnung / Ihr Zimmer umgeräumt? Berichten Sie im Kurs.**

D2 Spielregeln

1 **Die Tennisregeln. Hören Sie die CD und ergänzen Sie.** 📖 D2/4

2b/13

Spieler Spieler Punkt ~~Personen~~ Netz Netz Mitte Seite Ball Ball Platz Schläger Spiel

Tennis spielen zwei oder vier ___*Personen*___ .

Man spielt das _____ auf einem

_____ . In der _____

ist ein _____ . Die _____

haben einen _____ und müssen

einen _____ über das

_____ schlagen. Der oder die _____ auf der anderen _____

müssen den _____ zurückschlagen. Wenn man das nicht schafft, bekommen die anderen

einen _____ .

2 a) **Wo und wann finden diese Sportarten statt?**

auf einem Platz – in einer Halle – in einem Stadion – in einem Schwimmbad –
im Winter – im Sommer – draußen – drinnen – nicht bei Regen

Tennis spielt man
bei Regen
nicht draußen.

b) **Suchen Sie weitere Sportarten und sagen Sie, wo und wann sie stattfinden.**

3 **Haben Sie eine Lieblingssportart, eine Lieblingsmannschaft oder einen
Lieblingssportler / eine Lieblingssportlerin? Erzählen Sie im Kurs.**

E Wer hat den schöneren Garten?

1 **Wiederholung – Komparativ. Ergänzen Sie.**

1. Berlin ist _____*größer*_____ als Hamburg. (groß)

2. Der Rhein ist _____ als die Elbe. (lang)

3. Viele Kinder essen _____ Pizza als Gemüse. (gern)

4. Das Leben in einer Stadt ist _____ als auf dem Land. (hektisch)

5. Im Süden ist es _____ als im Norden. (warm)

6. In diesem Jahr hat es _____ geregnet als im letzten Jahr. (viel)

7. Das Hähnchen hat mir _____ geschmeckt als der Fisch. (gut)

8. Der Baum ist _____ als das Haus. (hoch)

9. Der Pullover war _____ als das Jackett. (teuer)

10. Meine neue Arbeit ist _____ als die letzte. (anstrengend)

2 Der Komparativ vor dem Nomen. Ergänzen Sie die Endungen. 📖 E/4

	maskulin	feminin	neutral	Plural
Nominativ	der größer *e* Garten	die größer___ Schule	das größer___ Angebot	die größer *en* Gärten
	ein größer___ Garten	eine größer___ Schule	ein größer___ Angebot	größer___ Gärten
Akkusativ	den größer___ Garten	die größer___ Schule	das größer___ Angebot	die größer___ Gärten
	einen größer___ Garten	eine größer___ Schule	ein größer___ Angebot	größer___ Gärten

3 Herr Griesgram besucht Frau Gerne. Ergänzen Sie die Adjektive im Komparativ.

1. Frau Gerne hat eine _____ Küche als ich. (modern)

2. In ihrer Küche stehen eine _____ Waschmaschine und _____

   Küchenschränke als in meiner Küche. (groß/praktisch)

3. In ihrem Wohnzimmer stehen ein _____ Fernseher, _____

   Pflanzen und _____ Bücher. (teuer/schön/alt)

4. Das Wohnzimmer hat _____ Fenster und eine _____

   Aussicht. (sauber/gut)

5. Sie hat _____ Möbel als ich. (viel)

6. Sie hat ein _____ Badezimmer in _____ Farben. (groß/hell)

7. Frau Gerne bezahlt eine _____ Miete als ich. (niedrig)

4 Vergleichen Sie Ihr Leben in Deutschland mit dem Leben in Ihrer Heimat.
Machen Sie Notizen und berichten Sie. Der Kasten hilft Ihnen.

| Ich | habe ... | heute im Moment hier in Deutschland | ein besseres/schlechteres/… Leben mehr/weniger Geld pro Monat eine teurere/billigere/… Wohnung … | als früher. |

*Ich habe im Moment weniger Geld pro Monat als früher.
Aber ich habe eine schönere Wohnung. Sie …*

F1 Immer wieder sonntags …

1 a) **Ergänzen Sie die Endungen.** 📖 F1/2

Mantel schwarz/blau

+ Was für ein Mantel ist das? – Ein schwarz____ .

+ Welch____ Mantel ist in der Reinigung? – D____ blau____ .

+ Was für ein____ Mantel hast du gekauft? – Ein____ schwarz____ .

+ Welch____ Mantel möchtest du anziehen? – D____ schwarzen oder d____ blau____ .

b) **Schreiben Sie Fragen und Antworten wie in Aufgabe 1a).**

1. Hose blau/rot   2. Hemd grün/gelb   3. Handschuhe braun/schwarz

2 **Ergänzen Sie die Sätze.**

1. + _Was für eine_ _____ Stadt ist Hamburg? – Ein_e_ groß_e_ und schön_e_ .

2. + Ich habe ein____ neu____ Pulli gekauft. – _____ denn? + Ein____ grün____ .

3. + Mit _____ Auto fährt Schumacher zur Arbeit? – Mit einem rot____ .

4. + _____ Mensch ist Daniel? – Ein nett____ .

5. + Hast du mein Buch gesehen? Es ist weg. – _____ Buch ist das denn?
   + Ein Wörterbuch.

6. + Kannst du mir eine Briefmarke leihen? – _____ brauchst du denn?
   + Eine zu 55 Cent.

7. + _____ Getränke hast du gekauft? – Bier und Orangensaft.

1 Suchen Sie zehn Haushaltsgegenstände. Notieren Sie die Wörter mit Artikel und Plural. Die Pluralformen finden Sie in der Wörterliste im Anhang.

G	H	I	L	O	P	Q	W	S	A	V	G	H	I	K	R	M	S
A	L	S	S	C	H	R	A	U	B	E	N	Z	I	E	H	E	R
R	E	T	W	A	B	Ü	S	E	L	E	S	E	M	M	I	N	D
B	O	P	Ä	A	S	S	C	H	I	N	E	N	F	I	E	B	O
L	O	K	S	T	V	B	H	A	M	M	E	R	B	X	A	X	Y
B	W	R	C	M	U	V	M	Ü	L	L	E	I	M	E	R	D	F
A	P	E	H	X	A	U	A	I	S	M	P	Z	S	R	B	A	P
B	Ü	G	E	L	E	I	S	E	N	M	P	Z	U	S	A	M	R
M	A	S	K	C	H	I	C	M	T	E	L	A	P	P	E	N	T
O	L	L	O	H	Z	E	H	K	Z	X	B	P	O	O	W	E	A
B	E	I	R	A	M	P	I	N	S	E	L	K	L	E	U	M	U
L	O	S	B	M	I	N	N	Z	A	L	S	T	O	X	N	L	M
U	L	K	A	F	F	E	E	M	A	S	C	H	I	N	E	B	E

1. *der Mixer, die Mixer*   6. _____

2. _____   7. _____

3. _____   8. _____

4. _____   9. _____

5. _____   10. _____

2 Welche Form ist richtig? Unterstreichen Sie.

+ Ich suche mein Deutschbuch. Ich glaube, ich habe es auf den Tisch gelegen/ gelegt und kann es nicht mehr finden. Du hast doch aufgeräumt.

– Ja, ich habe dein Buch gesehen, aber ich kann mich nicht mehr erinnern, wo es war. Auf dem Tisch hat es nicht gelegen/gelegt. Und auf dem Boden auch nicht. Ich habe die Stühle auf den Tisch gestanden/gestellt und den Boden geputzt. Aber dort habe ich es nicht gesehen. Vielleicht hast du es schon in deine Tasche gelegen/gelegt?

+ Vielleicht ... Nur wo legt/liegt die Tasche jetzt?

– Du hast sie auf den Kühlschrank gelegen/gelegt. Schau mal.

+ Nein, da ist das Buch auch nicht. Sag mal, vor einer Stunde hat hier doch auch eine Zeitung gelegen/gelegt und ein Wäschekorb gestanden/gestellt.

– Den Korb habe ich auf den Boden in die Ecke gestanden/gestellt ... Ja, jetzt fällt es mir wieder ein. Ich habe das Buch in den Korb gelegen/gelegt.

+ Stimmt, da legt/liegt es ja.

– Na prima ... Komm, setz/sitz dich doch. Möchtest du einen Kaffee?

+ Nein danke, ich habe schon den ganzen Tag gesessen/gesetzt. Außerdem muss ich gleich gehen.

3 Ergänzen Sie Komparativ oder Superlativ und, wenn nötig, die Adjektivendung.

1. + Welches ist die _____ Stadt in Deutschland?

   – Das ist Berlin. Berlin ist am _____ . (groß)

2. + Welcher Berg ist am _____ ? – Der Mount Everest ist der _____ Berg. (hoch)

3. + Wo ist es _____ ? – Am Südpol. Das ist der _____ Ort auf der Erde (kalt)

4. Mein alter Computer war zu langsam. Ich habe mir einen _____ Computer gekauft. (schnell)

5. Aber am _____ gefallen mir Laptops, nur sind sie noch zu teuer. (gut)

4 a) Ergänzen Sie die Perfektformen.

aufstehen	*ich bin aufgestanden*	helfen	_____
sich freuen	_____	kommen	_____
frühstücken	_____	feiern	_____
lesen	_____	tanzen	_____
einkaufen	_____	gehen	_____
besuchen	_____	fernsehen	_____
fahren	_____	telefonieren	_____
spielen	_____	bleiben	_____
aufräumen	_____	schlafen	_____

b) Schreiben Sie jetzt einen Text: Mein letztes Wochenende und benutzen Sie möglichst viele Perfektformen aus Aufgabe a).

Um 9 Uhr bin ich aufgestanden. ...   zuerst – dann – danach – später – schließlich
ich konnte – ich musste – ich wollte

5 Sie haben ein freies Wochenende. Das Wetter ist schön und Sie müssen nicht arbeiten. Sammeln Sie zu zweit mögliche Aktivitäten. Machen Sie dann Vorschläge.

einen Ausflug machen – Fahrrad fahren – schwimmen gehen – spielen – Freunde besuchen – ...

Ich möchte gern ... – Hast du Lust? – Ich möchte lieber ... – Das ist eine gute Idee. –
Das mag ich nicht so. – Das gefällt mir (nicht). – Warum nicht? – Und wann? –
Am Samstagmorgen/Samstagmittag/Samstagabend/Sonntagmorgen. – Um 12 Uhr.

A

einfallen, eingefallen _____

Langeweile, die, * _____

Großeinkauf, der, "-e _____

tapezieren _____

normalerweise _____

Familienplaner, der, - _____

B

bügeln _____

Bügeleisen, das, - _____

Lappen, der, - _____

Staubsauger, der, - _____

wischen _____

streichen, gestrichen _____

Mixer, der, - _____

Hammer, der, "- _____

Wäschekorb, der, "-e _____

Schwamm, der, "-e _____

Kuchenform, die, -en _____

Schraubenzieher, der, - _____

Eimer, der, - _____

Schrubber, der, - _____

Pinsel, der, - _____

gründlich _____

Mitglied, das, -er _____

mithelfen, mitgeholfen _____

Abwasch, der, * _____

runterbringen, runter-
gebracht _____

ausmachen (2), etw. macht
jdm. etwas (nichts) aus _____

klappen _____

Ärger, der, * _____

ätzend _____

gemütlich _____

Garage, die, -n _____

C

liegen, gelegen _____

unordentlich _____

Boden, der, "- _____

Schreibtisch, der, -e _____

stehen, gestanden _____

überall, überall _____

Teppich, der, -e _____

einsammeln _____

gießen, gegossen _____

sitzen, gesessen _____

hochlegen _____

Treppenhaus, das, "-er _____

D1

ausgerechnet _____

Kongress, der, -e _____

Ärztekongress, der, -e _____

Bundesliga, die, * _____

Mannschaft, die, -en _____

Spielregel, die, -n _____

D2

Tor, das, -e _____

Torwart, der, -e _____

Schiedsrichter, der, - _____

Spieler, der, - _____

Sportart, die, -en _____

Korb, der, "-e _____

Netz, das, -e _____

Schläger, der, - _____

Halle, die, -n _____

Schwimmhalle, die, -n _____

Wasserball, der, * _____

Stadion, das, Pl.: Stadien _____

Zaun, der, "-e

Teich, der, -e

Schaukel, die, -n

Gartenhaus, das, "-er

Apfelkuchen, der, -

Kirschkuchen, der, -

Linie, hier: Buslinie, die, -n

Kaktus, der, Pl.: Kakteen

durchsehen, durchgesehen

Ruhetag, der, -e

Container, der, -

Rasen, der, -

mähen

festlich

Märchen, das, -

perfekt

schlimm

Stau, der, -s

Schlange, die, -n,
hier: Schlange stehen

Regierung, die, -en

Friedhof, der, "-e

Sänger/in, der/die, -/-nen

aufregend

shoppen

aufbauen

Bühne, die, -n

auftreten, aufgetreten

hängen, gehängt/gehangen

Kleiderschrank, der, "-e

Schuhschrank, der, "-e

Turm, der, "-e

Denkmal, das, "-er

Säule, die, -n

A Könnten Sie mir bitte helfen?

1 a) **Sehen Sie sich die Bilder an. Die Leute bitten um Hilfe. Was sagen sie? Schreiben Sie Sätze mit *könnten* und *würden*. Der Kasten hilft Ihnen.** 📖 A/3

~~mit dem Kinderwagen helfen~~ Taxi bestellen
Aschenbecher bringen   Bücher halten
sagen, wo das Theater ist   Buch geben
Paket für Herrn Sinner annehmen

Beispiel: Könnten Sie mir vielleicht mit dem Kinderwagen helfen?

b) **Was antworten Sie? Schreiben Sie Sätze auf einen Zettel und spielen Sie im Kurs.**

Nein, tut mir leid. Ich habe Rückenprobleme.

Aber natürlich!

2 Könnten Sie bitte etwas höflicher sein? Schreiben Sie Sätze wie im Beispiel.

1. Mach das Fenster zu!

Könntest/Würdest du bitte das Fenster zumachen?

2. Gib mir den Kugelschreiber!

3. Gib mir heute Abend dein Auto!

4. Sprechen Sie lauter!

5. Erklären Sie die Grammatikregel noch einmal!

3 Schreiben Sie Sätze wie im Beispiel. Benutzen Sie den Konjunktiv von *können* und *werden*.

1. machen – leiser – Musik – bitte – können – du – ?

Könntest du bitte die Musik leiser machen?

2. Salat – geben – Sie – bitte – mir – werden – ?

3. erklären – Sie – noch einmal – das – können – ?

4. Ihre Nummer – aufschreiben – Sie – bitte – mir – werden – ?

5. DVD-Player – am Wochenende – leihen – mal – mir – werden – du – ?

6. Käsebrötchen – Sie – mir – bitte – mitbringen – werden – ?

B Hilfsorganisationen

1 Lesen Sie die Texte im Kursbuch B/1 noch einmal und ergänzen Sie. 📖 B/2

PRO ASYL	Caritas	Tradition	Krieg	Arbeiterwohlfahrt	~~Flüchtlinge~~
Internationale Rote Kreuz	Mitglieder	Naturkatastrophen		Krankenhäuser	Verein
gerechte	Hilfe	Kindergärten	Aus- und Fortbildung	Unterstützung	

1. _____ gibt es seit 1986. Die Organisation setzt sich für ___*Flüchtlinge*___

ein und hat über 12 000 _____ .

2. Das _____ gibt es seit 1863. Am Anfang war die _____

für Menschen im _____ am wichtigsten. Heute hilft es auch in anderen

Situationen, z. B. bei _____ und in anderen Notsituationen. In Deutschland

hat die Organisation viele _____ .

3. Die _____ ist ein katholischer _____ , den es seit

1897 gibt. Die Organisation bietet viele Arten von _____ an. Sie hat

_____ und Beratungsstellen, und sie bietet auch _____ an.

4. Die _____ gibt es seit 1919. Sie ist ein Verband mit einer politischen

_____ . Die Organisation setzt sich für eine _____

Gesellschaft ein und hilft Menschen in Not.

C1 Der Relativsatz im Nominativ

1 a) Was passt zusammen? Verbinden Sie die Satzteile. Lesen Sie laut und vergleichen Sie im Kurs. 📖 C1/3

Hauptsatz	*Relativsatz*
Doktor Markowski ist ein Zahnarzt, 1	a die in Frankreich studiert hat.
Ein Hund ist ein Haustier, 2	b der uns schon oft geholfen hat.
Frau Berger ist eine Lehrerin, 3	c das im Herbst und im Winter oft billig ist.
Berlin ist eine Großstadt, 4	d der in Berlin wohnt und arbeitet.
Thomas Marks ist unser Nachbar, 5	e der auch bei Kindern beliebt ist.
Weißkohl ist ein Gemüse, 6	f das zusammen mit den Menschen lebt.
Herr Yildirim ist ein Automechaniker, 7	g die mehr als drei Millionen Einwohner hat.

b) Schreiben Sie die Sätze aus Aufgabe a) ins Heft und bilden Sie zwei Hauptsätze.

Beispiel: Doktor Markowski ist ein Zahnarzt, der auch bei Kindern beliebt ist.
→ Doktor Markowski ist ein Zahnarzt. Er ist auch bei Kindern beliebt.

c) Manchmal – aber nicht immer – müssen Sie den Artikel im Hauptsatz streichen. Warum? Überlegen Sie im Kurs.

2 Ergänzen Sie das passende Relativpronomen.

1. Er hat sich einen Fernseher gekauft, _____ nicht so teuer war.

2. Frau Münkewitz hat eine Katze, _____ Bananen mag.

3. Wie heißen die Leute, _____ in das Haus gegenüber gezogen sind?

4. Ich trinke nicht gern Bier, _____ warm geworden ist.

5. Ich habe einen Kollegen, _____ jeden Morgen kalt duscht.

6. Doreen hat eine Freundin, _____ keine Schokolade isst.

7. Ich mag keine Filme, _____ zu viel Gewalt zeigen.

8. Er geht meistens in das Schwimmbad, _____ hier in der Nähe ist.

9. Wir fahren nur in Länder, _____ nicht gefährlich sind.

10. Doktor Paulsen, _____ schon lange Mitglied im Tennisverein ist, ist kein guter Tennisspieler.

11. Mein Hund, _____ nicht gern allein ist, hat eine Tür kaputtgemacht.

12. Wer ist die Frau, _____ dort mit Thomas spricht?

3 Schreiben Sie Sätze.

1. Elefant → Tier – in Afrika/Indien – leben

Ein Elefant ist ein Tier, das in Afrika oder Indien lebt.

2. Nizza → kleine Stadt – in Frankreich – liegen

3. Kellnerin → Frau – im Café/Restaurant – arbeiten

4. Fahrrad → Verkehrsmittel – keinen Motor – haben

5. Siemens → Firma – Mitarbeiter in der ganzen Welt – haben

6. Herr Brodsky → Arzt – eine Praxis in Berlin-Kreuzberg – haben

7. Automechaniker → Mann – in einer Autowerkstatt – arbeiten

8. Saft → Getränk – viele Vitamine – haben

9. **Pluspunkt Deutsch** → Lehrbuch – beim Deutschlernen – helfen

4 Welches Pronomen ist richtig? Streichen Sie die falschen Lösungen durch.

Beispiel:
Eine Maus ist ein Tier,
~~dass~~/~~die~~/das gerne Obst und Käse frisst.

1. Mahmud ist ein türkischer Junge, der/das/er in Kreuzberg lebt und zur Schule geht.
2. Marmelade ist ein Lebensmittel, es/der/das süß schmeckt.
3. Herr Marks ist ein Programmierer, er/der/die eine Frau und zwei Kinder hat.
4. Ein Radio ist ein Medium, das/es/der regelmäßig Nachrichten bringt.
5. Eine Lehrerin ist eine Person, die/sie/der in der Schule arbeitet.
6. Der Herr, er/die/der im ersten Stock lebt, heißt Boris Theunissen.

C2 Der Relativsatz im Akkusativ und Dativ

1 Herr Schussel hat seine Wohnung nicht aufgeräumt. Jetzt findet er seine Sachen nicht.
Sehen Sie sich das Bild an und schreiben Sie seine Fragen und Ihre Antworten ins Heft. 📖 C2/1

Beispiel: Reisepass – morgen braucht

→ + Wo ist der Reisepass, den ich morgen brauche?

– Der Reisepass, den er morgen braucht, liegt hinter dem Fernseher.

1. Paket – gestern bekommen hat
2. Schlüssel – heute Morgen vergessen hat
3. Blumen – seiner Freundin schenken will
4. Jacke – immer im Garten anzieht
5. Zeitung – heute Abend lesen will
6. Kugelschreiber – bei der Arbeit benutzt
7. Fernbedienung – dringend braucht
8. Foto – den Kollegen zeigen wollte
9. Teller und Tassen – gestern Abend benutzt hat

2 Ergänzen Sie das Relativpronomen im Dativ. 📖 C2/3

1. Es gibt viele Menschen, _____ man helfen muss.

2. Die Frau, _____ das Haus gehört, lebt in Kiel.

3. Unser Kind, _____ wir zum Geburtstag ein Computerspiel geschenkt haben, sitzt jetzt nur noch am Computer.

4. Hoffentlich hat mich der Mann, _____ ich den Weg erklärt habe, richtig verstanden.

3 Akkusativ oder Dativ? Ergänzen Sie das richtige Relativpronomen. Achten Sie auf Singular und Plural.

1. Der Nachbar, _____*dem*_____ wir bei der Gartenarbeit geholfen haben, hat uns viele Äpfel geschenkt.

2. Herr Kucenko, _____ ich gestern besucht habe, ist seit Januar in Rente.

3. Ist das die Frau, _____ ich die Reisetasche geben soll?

4. Der Junge, _____ du das Buch geliehen hast, hat heute angerufen.

5. Er wohnt in einer Kleinstadt, _____ ich nicht kenne.

6. Kennst du das Mädchen, _____ Markus so gut gefällt?

7. Wir brauchen ein kleineres Auto, _____ wir in der Stadt benutzen können.

8. Die Leute, _____ das Haus gehört, kommen nächste Woche zurück.

9. Haben wir für die Kekse, _____ du backen willst, auch genug Eier?

4 Ergänzen Sie die Relativpronomen.

1. Wie heißt die Frau,

a) _____ im Nachbarhaus wohnt?

b) _____ du gestern getroffen hast?

c) _____ du immer Blumen schenkst?

2. Wie heißt das Kind,

a) _____ nicht in die Schule will?

b) _____ wir vom Bahnhof abholen sollen?

c) _____ du bei den Hausaufgaben helfen sollst?

3. Wie heißt der Mann,

a) _____ morgens die Zeitung bringt?

b) _____ du immer anrufst?

c) _____ du dein Auto geliehen hast?

4. Wie heißen die Leute,

a) _____ nebenan wohnen?

b) _____ du heute Nachmittag triffst?

c) _____ du die Geschichte erzählt hast?

5 Aus 2 mach 1. Verbinden Sie die zwei Hauptsätze zu einem Satz.

Beispiel:
Kouma hat uns zum Essen eingeladen. Wir haben sie gestern getroffen.
→ Kouma, die wir gestern getroffen haben, hat uns zum Essen eingeladen.

1. Der Kühlschrank ist nicht mehr im Angebot.
   Wir wollten ihn kaufen.

_____

_____

2. Mahmud hatte einen Fahrradunfall.
   Sabrina hat ihn heute besucht.

_____

_____

3. Frau Bursian arbeitet in Frankfurt/Oder.
   Sie lebt in Polen.

_____

_____

4. Herr Yildirim ist arbeitslos.
   Onkel Bülent hilft ihm.

_____

_____

5. Familie Lischka kennt Herrn Wagner aus dem vierten Stock gut.
   Sie wohnt im zweiten Stock.

_____

_____

D Das Nachbarschaftshaus

1 **Ergänzen Sie den Text mit den Wörtern im Kasten.** 📖 D/2

> Verein   Nachbarschaft   Besucher   Fest   Veranstaltungen   ehrenamtlich   betreuen
>
> Behinderte   Hilfe   ~~Leute~~   Ausflüge   Marktplatz   Mitarbeiter   Angebote

In das Nachbarschaftshaus in der Mozartstraße kommen jeden Tag viele _____ . Die

meisten _____ *Leute* _____ arbeiten dort _____ . Der _____ , den

es seit 1989 gibt, hilft ganz unterschiedlichen Menschen und organisiert viele _____ .

Es gibt _____ für _____ , Kinder, Jugendliche und auch für Menschen,

die neu in Deutschland sind. Ein _____ sagt: „Wir sind für Menschen da, die sonst nur

schwer _____ finden.“

Der Verein organisiert im Sommer ein _____ auf dem _____ und

bietet _____ aufs Land an. Die Mitarbeiter _____ auch die Kinder aus

der _____ bei den Hausaufgaben.

2 **Kreuzen Sie an: richtig oder falsch?**

In einem Nachbarschaftshaus …

<table>
<tr><td></td><td>richtig</td><td>falsch</td></tr>
<tr><td>1. … kann man leicht eine Arbeit finden und Geld verdienen.</td><td>☐</td><td>☐</td></tr>
<tr><td>2. … gibt es auch Angebote für Jugendliche.</td><td>☐</td><td>☐</td></tr>
<tr><td>3. … kann man billig essen und einkaufen gehen.</td><td>☐</td><td>☐</td></tr>
<tr><td>4. … gibt es Beratungen für Migrantinnen und Migranten.</td><td>☐</td><td>☐</td></tr>
<tr><td>5. … findet man auch Hausaufgabenhilfe und Integrationskurse.</td><td>☐</td><td>☐</td></tr>
<tr><td>6. … muss man Mitglied sein und viel Eintritt zahlen.</td><td>☐</td><td>☐</td></tr>
<tr><td>7. … arbeiten die meisten Leute ehrenamtlich, das heißt ohne Bezahlung.</td><td>☐</td><td>☐</td></tr>
<tr><td>8. … kann jeder mitmachen, der seine Hilfe anbieten möchte.</td><td>☐</td><td>☐</td></tr>
</table>

3 a) Konnten Sie in Deutschland schon jemandem helfen? Oder haben Sie von anderen
   Leuten Hilfe bekommen? Beschreiben Sie die Situation mit vier bis fünf Sätzen.
   Der Kasten unten hilft Ihnen.

Als ich/wir nach Deutschland gekommen bin/sind, …	Meine Nachbarn haben …
Bei der Agentur für Arbeit habe ich … / hat …	Am Automaten habe ich … / hat …
Ich habe / Wir haben eine Wohnung gesucht …	Hier im Sprachkurs …

_____

_____

_____

_____

_____

_____

_____

_____

_____

b) Lesen Sie Ihre Texte im Kurs vor und vergleichen Sie sie. Was für unterschiedliche,
   was für gemeinsame Erfahrungen haben Sie gemacht?

1 **Schreiben Sie vier Fragen und Antworten zu jedem Satz.**

Beispiel: Frau Maibach, die in unserer Straße wohnt, hat uns viele Äpfel geschenkt.

Wer wohnt in unserer Straße?	Frau Maibach.
Wo wohnt Frau Maibach?	In unserer Straße.
Was hat Frau Maibach uns geschenkt?	Viele Äpfel.
Wem hat Frau Maibach viel Äpfel geschenkt?	Uns.

1. Thomas, dem wir ein Computerspiel geschenkt haben, sitzt jetzt nur noch am Computer.

Wer _____ ? _____

Wo _____ ? _____

Was _____ ? _____

Wem _____ ? _____

2. Frau Kröger, die unseren Chef gestern angerufen hat, fährt heute nach Spanien.

Wer _____ ? _____

Wen _____ ? _____

Wann _____ ? _____

Wohin _____ ? _____

3. Annett und Rainer, denen das Haus neben uns gehört, kommen nächste Woche zurück.

Wer _____ ? _____

Wann _____ ? _____

Was _____ ? _____

Wem _____ ? _____

2 **Ergänzen Sie *für, zu, bei, mit, über, vom, am, im*.**

Der Verein *Mieter helfen Mietern* stellt sich vor:

Seit 1980 setzt sich *Mieter helfen Mietern* _____ die Rechte von Mietern und Mieterinnen ein.

Der Verein gibt Beratung _____ Mieterhöhungen, er hilft, wenn Sie sich _____ zu hohe Heizkosten

beschweren wollen oder wenn Sie _____ Vermieter eine Kündigung bekommen haben, kurz gesagt

_____ allen Problemen, die es _____ dem Vermieter geben kann. Schon über 2000 Mitglieder

engagieren sich _____ den Verein. Wir können aber noch besser arbeiten, wenn wir noch mehr Mit-

glieder haben. Deshalb laden wir alle, die sich _____ die Arbeit von *Mieter helfen Mietern* interessieren,

_____ einem Sommerfest ein. Das Fest findet _____ 7. August im Vereinsbüro, Wiesenstraße 10

statt, _____ schönem Wetter feiern wir _____ Garten.

3 **Welches Wort passt nicht? Unterstreichen Sie.**

1. sich engagieren – unterstützen – aussteigen – sich einsetzen – sich kümmern
2. Organisation – Verein – Verletzung – Beratungsstelle – Mitglieder
3. Freiheit – Gleichheit – Veranstaltung – Gerechtigkeit – Toleranz
4. Not – Opfer – Krieg – Sendung – Politik

4 **Höfliche Bitten, Wünsche und Fragen. Arbeiten Sie zu zweit, machen Sie Notizen und spielen Sie die Situationen dann im Kurs vor.**

1. Sie sind im Café. Sie möchten zahlen.

2. Sie sind bei Ihrer Freundin zu Besuch und möchten telefonieren.

3. Ihre Lehrerin spricht sehr schnell. Sie verstehen sie nicht.

4. Sie möchten einen Kuchen backen, es fehlen Ihnen zwei Eier. Fragen Sie Ihre Nachbarin.

5. Sie stehen am Fahrkartenautomat, wissen aber nicht, wie er funktioniert.

6. Sie suchen den Weg zur Volkshochschule.

7. Sie sind im Zug und es ist sehr heiß. Sie möchten das Fenster aufmachen.

8. Sie sind im Schwimmbad und möchten ins Wasser. Sie möchten, dass eine andere Person auf Ihre Sachen aufpasst.

9. Die Hausaufgaben sind sehr schwer. Bitten Sie eine Mitschülerin um Hilfe.

10. Sie wollen mit Herrn Neubauer sprechen. Am Telefon ist seine Sekretärin.

Entschuldigung …		
Kann ich (bitte) …	Könnten Sie / Könntest du …	Aber natürlich!
Könnte ich (mal) …	Können Sie / Kannst du (bitte) …	Ja, gern! Kein Problem!
Darf ich …	Würden Sie / Würdest du …	Tut mir leid, ich …

A

durchlassen, durchgelassen _____

Bitte, die, -n _____

aussteigen, ausgestiegen _____

Kleingeld, das, * _____

Augenblick, der, -e _____

Ordner, der, - _____

Käsebrötchen, das, - _____

B

Organisation, die, -en _____

Hilfsorganisation, die, -en _____

gründen _____

politisch _____

einsetzen (sich + für + Akk.) _____

Engagement, das, * _____

Solidarität, die, * _____

Toleranz, die, * _____

Freiheit, die, -en _____

Gleichheit, die, * _____

Gerechtigkeit, die, * _____

Not, die, * (auch: Nöte) _____

verfügen (+ über) _____

Heim, das, -e _____

Beratung, die, -en _____

Beratungsstelle, die, -n _____

Kleiderstube, die, -n _____

usw. (Abk. für und so weiter) _____

Krieg, der, -e _____

Opfer, das, - _____

Verletzte, der/die, -n _____

Krankheit, die, -en _____

Verletzung, die, -en _____

Katastrophe, die, -n _____

Behinderung, die, -en _____

benachteiligen _____

Förderung, die, -en _____

katholisch _____

Fortbildung, die, -en _____

Aus- und Fortbildungs-
stätte, die, -n _____

Wohnheim, das, -e _____

engagieren (sich) _____

Altenhilfe, die, * _____

Behinderte, der/die, -n _____

Behindertenhilfe, die, * _____

sowie _____

Flüchtling, der, -e _____

Mitgliedschaft, die, -en _____

unterstützen _____

europaweit _____

Flüchtlingsrat, der, * _____

C1

kompliziert _____

zusätzlich _____

einschieben, eingeschoben _____

ständig _____

kaputtmachen _____

durchstreichen,
durchgestrichen _____

C2

Rentner/in, der/die, -/-nen _____

Reifen, der, - _____

Elefant, der, -en _____

Kleinstadt, die, "-e _____

Fahrradunfall, der, "-e _____

D

Nachbarschaft, die, * _____

Nachbarschaftshaus, das,
"-er _____

Veranstaltung, die, -en _____

Selbsthilfe, die, * _____

Jugendliche, der/die, -n _____

Erwachsene, der/die, -n _____

betreuen _____

anbieten, angeboten _____

Alphabetisierung, die, * _____

Integration, die, * _____

Migrant/in, der/die,
-en/-nen _____

Alternative, die, -n _____

Einsamkeit, die, * _____

Kommunikation, die, * _____

Beschäftigung, die, -en _____

Abwechslung, die, -en _____

behindert _____

Akzeptanz, die, * _____

organisieren _____

Alles klar

Zweitsprache, die, * _____

tot _____

Material, das, -ien _____

Informationsmaterial,
das, * _____

Land, hier: aufs Land fahren _____

A1 Das Sommerfestival

1 Lesen Sie den Text und kreuzen Sie an: richtig oder falsch? 📖 A1/4

Multikulturelles Festival am 9. Mai
67 Frankfurter Migrantenvereine nehmen teil

Am 9. Mai findet wieder das Multi-kulturelle Festival auf dem Paulsplatz statt, das die Stadt Frankfurt organi-siert. Von 12 bis 22 Uhr informieren 67 Frankfurter Migrantenvereine aus über 40 Ländern über ihre Aktivitä-ten. An den meisten Ständen können die Besucher auch internationale Spezialitäten probieren. Mehr als 20 verschiedene Gruppen bieten ein kulturelles Programm mit Musik, Tanz und Theater an. Für Kinder und Jugendliche gibt es einen Spielpark, denn das Festival soll für alle interes-sant sein.

	richtig	falsch
1. Die Vereine organisieren das Festival.	☐	☐
2. Das Festival dauert zwei Tage.	☐	☐
3. Man kann Essen aus verschiedenen Ländern probieren.	☐	☐
4. Auch für Kinder gibt es Angebote.	☐	☐

2 Wiederholung – Datumsangaben. Fragen Sie sich gegenseitig und antworten Sie.

> Wann findet das Filmfest in Dresden statt?

> Vom 13. bis zum 18. April.

Fest der Kulturen, Mühlheim
08. 05.

9.5. Multikulturelles Festival, Frankfurt

12.7. – 20.8.
Kölner Sommerfestival

Kulturfestival in Düsseldorf
16.9. bis 3.10.

27.06. – 02.07. Sommerfestival der Kulturen in Stuttgart

Filmfest Dresden, 13. – 18.04.

4. bis 5.9.
Kulturfest der Nationen, Offenbach

Straßenfest in München-Schwabing
20. 7.

1 **Wie heißen die Lebensmittel? Notieren Sie sie mit Artikel.** A2/1

1. iers _der Reis_
2. hgino _____
3. hsifc _____
4. ähehnhnc _____
5. nabaen _____

6. enrduss _____
7. siam _____
8. ammflelisch _____
9. oflerkatf _____
10. bizweel _____

2 **Wiederholung – *dass*-Sätze. Was sagen Kouma und Renate?**

Am Sonntag gibt es ein großes interkulturelles Fest.

Man kann einen Stand mieten und etwas verkaufen.

Samuel verkauft in seinem Geschäft Lebensmittel aus Afrika.

Er hat auch Honig aus Benin.

Das Essen darf nicht zu scharf sein.

Man trifft viele nette Leute und kann etwas Geld verdienen.

Man muss bald alles organisieren.

Viele Leute lieben exotisches Essen.

1. _Kouma sagt, dass es_ _____
2. _Sie sagt,_ _____
3. _____
4. _____
5. _Renate sagt,_ _____
6. _____
7. _____
8. _____

B Indefinitpronomen

1 **Ergänzen Sie das passende Indefinitpronomen.** 📖 B/4

| etwas | jemanden | ~~alle~~ | niemand | viele | alles | nichts | man |

1. Wir müssen unbedingt einkaufen. Es ist _____ mehr im Kühlschrank!

2. _____ Möbel haben wir schon gekauft, aber noch nicht _____ *alle* _____.

3. In unserer Küche kommt fast _____ vom Flohmarkt.

   Da kann _____ viele schöne Sachen finden.

4. Ich habe angerufen, aber es war _____ zu Hause.

5. Heute Abend muss ich dringend noch _____ für morgen erledigen.

6. Ich treffe später noch _____ aus dem Büro.

2 **Was passt? Streichen Sie die falschen Pronomen durch.**

1. Hat | ~~viele~~ | für mich angerufen, Schatz?
       | ~~einige~~ |
       | jemand |

2. Kouma weiß fast | jemand | über die westafrikanische Küche.
                   | alles |
                   | alle |

3. | Niemand | Männer können nicht so gut kochen wie ihre Frauen.
   | Alles |
   | Viele |

4. Ich habe schon | einige | Lebensmittel eingekauft, aber noch nicht | etwas.
                  | alles | | einige.
                  | nichts | | alle.

5. Nein, ich habe von unseren Freunden leider noch | jemanden | getroffen.
                                                    | niemanden |
                                                    | etwas |

6. Kann | niemand / nichts / man | auf dem Fest auch | einige / etwas / viele | essen?

7. Gestern Abend waren wirklich | alle / jemand / nichts | da, nur Ulrike nicht.

8. Muss | niemand / man / alle | sich schon vorher zu der Veranstaltung anmelden?

9. Gestern war ich faul! Ich habe den ganzen Tag | viele / etwas / nichts | gemacht.

3 Schreiben Sie Sätze im Perfekt.

1. du – heute – essen – etwas – schon – ?

   Hast du heute schon etwas gegessen?

2. ich – einige – einladen – Freunde – zum Abendessen

   _____

3. ihr – alles – einpacken – schon – für den Ausflug – ?

   _____

4. niemand – sagen – den Termin – mir

   _____

5. alle – machen – die Hausaufgaben – ?

   _____

6. jemand – auf den Anrufbeantworter – sprechen – eine Nachricht

   _____

7. wir – auf dem Flohmarkt – kaufen – nichts

   _____

8. Menschen – besuchen – das Fest – viele

   _____

C1 Die Freundinnen planen

1 a) Sie planen mit Ihrem Partner / Ihrer Partnerin einen Stand für den Flohmarkt am nächsten Samstag. Sehen Sie sich die Bilder an. Was müssen Sie alles machen? 📖 C1/2

1. beim Veranstalter anrufen / einen Stand mieten

b) Heute ist Dienstag. Wer macht was wann? Diskutieren Sie mit Ihrem Partner / Ihrer Partnerin und machen Sie eine Tabelle.

> Kannst du vielleicht beim Veranstalter anrufen und einen Stand reservieren?

> Ja, das kann ich heute Nachmittag machen.

Wer?	Was?	Wann?
Ich		
Mein Partner / Meine Partnerin	Veranstalter anrufen / Stand reservieren	heute Nachmittag
Wir zusammen		

c) Berichten Sie im Kurs.

> … ruft heute Nachmittag beim Veranstalter an und reserviert einen Stand. Ich …

2 a) **Ein Telefongespräch mit dem Veranstalter. Ordnen Sie die Sätze und kontrollieren Sie mit der CD.**

1. Acht Euro pro Meter. Dann müssen Sie aber Tische und Stühle selbst mitbringen.
2. Bitte sehr. Auf Wiederhören!
3. Dafür brauchen Sie keine Reservierung. Sie müssen nur am Samstag so gegen halb neun da sein. Dann bekommen Sie noch einen guten Platz.
4. Guten Tag. Mein Name ist Miková. Ich habe eine Frage: Wie viel kostet ein Stand auf Ihrem Flohmarkt?
5. Das ist kein Problem. Die können wir mitbringen. Dann möchte ich gern einen Platz für einen kleinen Stand reservieren.
6. Und wie hoch ist die Gebühr für einen kleineren Stand?
7. Sehr gut. Dann kommen wir um halb neun. Vielen Dank für die Information!
8. Wenn Sie einen großen Stand mit Dach möchten, kostet die Gebühr 46 Euro.

	8					

b) **Schreiben Sie den Dialog ins Heft.**

3 **Wiederholung – Präpositionen. Ergänzen Sie die Artikel.**

1. Ich freue mich schon auf ___*das*___ Straßenfest am Wochenende.

2. Hast du das Telefon in _____ Flur gestellt?

3. Ich habe immer Probleme mit _____ Kaffeemaschine. Sie funktioniert

   einfach nicht richtig!

4. Habt ihr schon über _____ Urlaubstermine im Sommer gesprochen?

5. + Wo hast du die Karten für _____ Konzert hingelegt?

   – Sie liegen auf _____ Küchentisch.

6. An _____ Tür von deinem Büro hängt eine Nachricht.

7. Ich habe mich am Wochenende sehr über _____ Regen geärgert.

8. Ich habe gestern mit _____ Freund von Anita telefoniert und mich für

   _____ Einladung zu seiner Party bedankt.

9. + Wo ist meine Bluse? – Ich habe sie schon in _____ Schrank gehängt.

10. + Kommst du? – Einen Moment. Wir müssen noch auf _____ Kinder warten.

4 a) **Hören Sie die Dialoge. Welcher Dialog passt zu welchem Bild?** 📖 C1/3

b) **Ergänzen Sie die Demonstrativpronomen. Kontrollieren Sie dann mit der CD.**

1. + _____Dieses_____ Auto möchte ich haben.
   Es gefällt mir gut.
   – Ich finde, du solltest das weiße nehmen.

   + Nein, mit _____ hier kann man viel
   schneller fahren.

2. + Wie findest du _____ Mantel?
   – Der gefällt mir nicht. Der ist viel zu dunkel.

   + Und wie ist _____ hier?
   – Der ist viel schöner.

3. + Welche Schuhe möchtest du nehmen?

   – Ich glaube, _____ hier sind nicht schlecht.
   + Nimm doch lieber die schwarzen. Die gefallen
   mir besser.

   – Aber in _____ kann ich viel besser
   laufen.

4. + Hast du in _____ Woche Zeit?
   – Nein, tut mir leid, ich kann erst in der
   nächsten Woche zu dir kommen.

5 **Ergänzen Sie die Demonstrativpronomen.**

1. An _____diesem_____ Wochenende ziehen wir um.

2. Meine Freundin kenne ich seit zwei Jahren.

   In _____ Jahr wollen wir heiraten.

3. Ich finde _____ Wohnung viel schöner
   als eure alte.

4. Über _____ Problem möchte ich nicht
   sprechen.

5. Für _____ Tür brauchen wir einen
   Schlüssel.

6. _____ Buch musst du lesen. Es ist toll!

7. Ich habe lange auf _____ Brief gewartet.

8. Wir wollen _____ Küchenstühle
   verschenken. Willst du sie nicht?

9. Wie findest du _____ Pullover?

1 **Auf dem Fest. Was sagen die Personen? Ordnen Sie die Sätze zu.** 📖 C2/5

1. ☐ Wir möchten gern zwei Portionen Hähnchen mit Erdnusssoße.
2. ☑ *g* Ich sehe meine Schwester nicht mehr. Hier sind so viele Leute!
3. ☐ Haben Sie auch Spielzeug aus Holz?
4. ☐ Möchten Sie Reis dazu?
5. ☐ Ich glaube, deine Schwester steht da hinten und hört sich die Musik an.
6. ☐ Ja, hier haben wir zum Beispiel Tiere aus Holz für Kinder.
7. ☐ Wie viel kostet diese Ledertasche?
8. ☐ Ich mag diese Musik nicht. Sie ist mir zu laut!
9. ☐ Das Eis schmeckt total lecker!
10. ☐ Ich finde, die Band spielt super! Du musst einfach mittanzen!
11. ☐ Die kostet 30 Euro.

2 Schreiben Sie einen Brief an einen Freund / eine Freundin und berichten Sie von einem Fest oder Festival, das Sie besucht haben. Die Fragen helfen Ihnen.

Wo und wann war das Fest? – Haben Musikgruppen gespielt? – Was konnte man essen und trinken? – Haben viele Leute das Fest besucht? – Wie war die Stimmung? – Wie war das Wetter? – Was war schön / nicht so schön?

Liebe/r _____

_____

_____

_____

_____

_____

D1 Die Tasche ist aus …

1 a) Bilden Sie Komposita. Meistens gibt es mehrere Möglichkeiten. 📖 D1/3

das Plastik der Stein das Glas das Holz das Papier das Metall das Leder

das Haus der Tisch die Lampe der Becher die Tasche das Regal die Figur die Tüte

Beispiel: das Holz + der Tisch = der Holztisch

1. _____   5. _____

2. _____   6. _____

3. _____   7. _____

4. _____   8. _____

b) Was fällt Ihnen zu den Sachen ein?

teuer   schön schwer   praktisch   …

> Ein Plastikbecher ist praktisch. Er geht nicht so leicht kaputt.

D2 **Mein Geschäft in Deutschland**

1 **Ergänzen Sie den Text.** 📖 D2/2

Italien	Reisebüros	einfach	teuer	ausländische	Chef	Behörden	meisten

In Deutschland gibt es viele _____ Firmen und Geschäfte, z. B. Lebensmittelläden,

_____ und Restaurants. Ungefähr 270 000 Betriebe haben einen ausländischen

_____ . Die _____ von ihnen kommen aus der Türkei, aber viele kommen

auch aus _____ und Griechenland. Es ist nicht so _____ ein eigenes

Geschäft zu eröffnen. Für die Anmeldung muss man zu verschiedenen _____ gehen und

man muss Räume finden, die nicht zu _____ sind. Aber viele Migranten haben so ihren

Traum von einer eigenen Firma wahr gemacht.

2 **Kaufen Sie in ausländischen Geschäften ein? Gehen Sie in ausländischen Restaurants essen? Schreiben Sie fünf Sätze und berichten Sie im Kurs.**

Ich kaufe oft Lebensmittel/Gemüse/… in einem türkischen/russischen/chinesischen/… Geschäft.
Wir gehen immer zu/in …   Wir besuchen manchmal …

Gemüseladen	Reisebüro	Restaurant	Marktstand	Lebensmittelladen	Imbiss	Werkstatt

_____

_____

_____

_____

_____

1 Essen und Trinken. Bilden Sie Komposita. Es gibt mehrere Möglichkeiten. Vergleichen Sie im Kurs.

das Lamm – die Zwiebel – der Käse – die Orangen – die Soße – das Brötchen – der Saft – der Kuchen –
die Erdnuss – der Apfel – die Wurst – die Bananen das Brot – das Eis – das Kotelett – die Marmelade

Beispiel: die Speise + die Karte = die Speisekarte

1. _____ 5. _____

2. _____ 6. _____

3. _____ 7. _____

4. _____ 8. _____

2 Wiederholung – Lebensmittel. *Beispiel:*
Was passt nicht? Unterstreichen Sie. Cola: <u>Löffel</u> – Glas – Dose

1. Eis: Becher – Tafel – Löffel   6. Joghurt: Becher – Tüte – Glas
2. Suppe: Stück – Teller – Dose   7. Schokolade: Tafel – 200 Gramm – Tube
3. Wasser: Kasten – Pfund – Liter   8. Nudeln: Päckchen – Pfund – Stück
4. Reis: Tube – Packung – Teller   9. Zucker: Stück – Pfund – Tafel
5. Orangen: Flasche – Kiste – Netz   10. Saft: Flasche – Dose – Teller

3 Renate und Kouma planen einen Stand auf dem Festival der Kulturen.
Ergänzen Sie den Dialog. Es gibt mehrere Möglichkeiten.

Kouma: Also, was müssen wir noch alles _____ ?

Renate: Eigentlich nicht mehr viel. Wir haben den Stand schon _____ ,

wir haben auch schon die Getränke _____ , jetzt müssen wir nur noch

das Essen _____ .

Kouma: Schau mal, ich habe schon eine _____ gemacht und aufgeschrieben,
was wir alles brauchen.

Renate: Prima … Und was brauchen wir noch alles _____ den Stand?

Kouma: Ich habe schöne Tücher, wie _____ sie dir?

Renate: Sehr schön, die können wir über den Tisch _____ .

Kouma: Und dann wolltest du dich noch um die Stühle _____ ?

Renate: Ja, die _____ ich von zu Hause mit.

Kouma: Gut, war sonst noch _____ ?

Renate: Nein, ich glaube, das war _____ .

4 **Schreiben Sie Sätze wie im Beispiel.**

Beispiel: Diese Lebensmittel sind teuer. Sie haben eine sehr gute Qualität.
      a) Die Lebensmittel sind teuer, *weil* sie eine sehr gute Qualität haben.
      b) *Weil* die Lebensmittel eine sehr gute Qualität haben, sind sie teuer.

1. Ich gehe gern auf Straßenfeste. Ich mag exotisches Essen.

a) _____ , *weil* _____ .

b) *Weil* _____ , _____ .

2. Wir wollen am Straßenfest teilnehmen. Wir müssen einen Stand anmelden.

a) *Wenn* _____ , _____ .

b) _____ , *wenn* _____ .

3. Ich unterschreibe einen Vertrag. Ich muss den Text genau lesen.

a) *Wenn* _____ , _____ .

b) _____ , *wenn* _____ .

4. Ich war das letzte Mal in Frankfurt. Dort habe ich eine Party besucht.

a) *Als* _____ , _____ .

b) _____ , *als* _____ .

5 **Der Deutschkurs ist bald zu Ende. Planen Sie ein Fest zum Kursende.**
Bereiten Sie in Gruppen das Fest vor und machen Sie Notizen.

1. Wann soll das Fest stattfinden? (Datum / nachmittags / abends / am Wochenende / …)
2. Wen wollen wir einladen? Nur die Kursteilnehmer oder auch andere Leute?
3. Wo wollen wir feiern? (in der Schule / privat / …)
4. Wer bringt was mit? (Essen und Trinken / Musik / …)
5. Wie viel darf alles kosten? Wer bezahlt was?

Ich schlage vor, (dass) wir …	Ich finde die Idee gut.
Wie findet ihr das?	Ich finde es besser, wenn …
Wir können vielleicht auch …	Ich habe einen anderen Vorschlag.

A1

Begegnung, die, -en _____

Festival, das, -s _____

Tanz, der, "-e _____

Himmel, der, - (Pl. selten) _____

Musikgruppe, die, -n _____

Marktplatz, der, "-e _____

Stadtzentrum, das, * _____

teilnehmen, teilgenommen _____

Künstler/in, der/die, -/-nen _____

reisen _____

extra _____

Besucher/in, der/die, -/-nen _____

multikulturell _____

Eintritt, der, * _____

Stadtteil, der, -e _____

Musikfestival, das, -s _____

A2

lassen, gelassen _____

Kochbuch, das, "-er _____

Soße (auch: Sauce), die, -n _____

Erdnuss, die, "-e _____

Kochbanane, die, -n _____

Couscous, der (auch: das), * _____

exotisch _____

scharf, schärfer, am schärfsten _____

mild _____

B

Forum, das, Pl.: Foren _____

C1

Veranstalter/in, der/die, -/-nen _____

losgehen, losgegangen _____

zu zweit _____

Standgebühr, die, -en _____

Meter, der, - _____

transportieren _____

Einkaufsliste, die, -n _____

C2

Portion, die, -en _____

Leder, das, - _____

Erfolg, der, -e _____

besonderer, besondere, besonderes (Adj., nur attributiv) _____

Höhepunkt, der, -e _____

Theater, das, - _____

Literatur, die, -en _____

Trommel, die, -n _____

Kulturverein, der, -e _____

D1

Metall, das, -e _____

Figur, die, -en _____

Stein, der, -e _____

Baumwolle, die, * _____

Holzspielzeug, das, -e _____

Lederjacke, die, -n _____

Glasflasche, die, -n _____

Papiertaschentuch, das, "-er _____

Steinbrücke, die, -n _____

Metalldose, die, -n _____

Plastik, das, * _____

Plastiktüte, die, -n _____

Material (2), das, -ien _____

Gummi, der (auch: das), -s _____

D2

reich _____

Gesetz, das, -e _____

Lebensmittelladen, der, "- _____

Alles klar

hingehen, hingegangen _____

Essensstand, der, "-e _____

echt _____

Quer durch Deutschland

A Die Bundesländer

1 Ergänzen Sie. 📖 A/2

ungefähr – Hauptstadt – Bundesländer – Einwohner – Nordrhein-Westfalen –
Bremen – Baden-Württemberg – Ausländer – Bayern – kleinste

Deutschland hat _____ 82 Millionen _____ .

Die _____ ist Berlin und es gibt 16 _____ .

_____ hat die meisten Einwohner. Dort leben auch die meisten _____ .

Auf Platz zwei liegt _____ und auf Platz drei _____ .

Das _____ Bundesland ist _____ . Dort leben nur 662 098 Menschen.

**2 Wie heißen die Bundesländer? Notieren Sie die Namen und ergänzen Sie die Landeshauptstädte.
Welche Länder fehlen?**

	Land	Landeshauptstadt
1. daebn-rttümgerbwe	*Baden-Württemberg*	*Stuttgart*
2. lrnibe	_____	_____
3. hlewsigcs-stienolh	_____	_____
4. yabrne	_____	_____
5. aaarnlds	_____	_____
6. renbabndugr	_____	_____
7. sahcsne-hnalta	_____	_____
8. ghrbmua	_____	_____
9. ckmlgerenub-omernrvpmo	_____	_____
10. rhiendnal-zlpfa	_____	_____
11. iedschsaenren	_____	_____
12. nschsae	_____	_____
13. rhinorden-stwaflene	_____	_____

3 Wo haben Sie in Deutschland gewohnt? Welche Bundesländer und welche Städte kennen Sie? Schreiben Sie einen Text. 📖 A/3

4 a) Die Nachbarländer von Deutschland. Ergänzen Sie die Liste.

Land	Einwohner	Sprache(n)
Belgien	_____	Niederländisch, Französisch, Deutsch
_____	Däne/Dänin	_____
_____	_____	Französisch
Luxemburg	_____	Deutsch, Französisch, Luxemburgisch
_____	Niederländer/Niederländerin	_____
Österreich	_____	Deutsch
Polen	_____	_____
_____	Schweizer/Schweizerin	Deutsch, Italienisch, Französisch
_____	_____	Tschechisch

b) Bilden Sie Sätze.

In Luxemburg spricht man …

Die Einwohner von Luxemburg heißen …

c) Wiederholung. Und Ihre Heimat? Ergänzen Sie.

1. Ich komme aus _____ .

2. Ich bin _____ .

3. Ich spreche _____ .

5 a) Markieren Sie in Aufgabe 4 a) die Endungen bei den männlichen und weiblichen Einwohnern.

b) Ergänzen Sie die Regel.

	männlich	weiblich
Die Endungen bei den Einwohnern sind meistens:	-e	_____
	_____	-(i)erin

Ausnahme:

Die Frau kommt aus Deutschland. Sie ist Deutsch_____ .

B Heimat Deutschland

1 Lesen Sie den Infotext im Kursbuch B/1 noch einmal und ergänzen Sie. 📖 B/1

1949–1990: Deutschland war in zwei Staaten geteilt.

im Osten: _____

im Westen: Bundesrepublik Deutschland

1961: _____

9. November 1989: _____

1990: _____

2 Wiederholung – Nebensätze mit *weil*. Schreiben Sie Sätze. 📖 B/2

Beispiel:
Pjotr ist nach Deutschland gekommen, seine Familie – ziehen – nach Deutschland
→ Pjotr ist nach Deutschland gekommen, weil seine Familie nach Deutschland gezogen ist.

1. Olga lebt hier, sie – einen Deutschen – heiraten

_____

2. Doreen Marks ist in den Westen geflüchtet, nicht dürfen – in der DDR – ihre Meinung sagen – sie

_____

_____

3. Herr und Frau Markinow sind von Niedersachsen nach Baden-Württemberg gezogen,
   Herr Markinow – eine Stelle – dort – finden

_____

_____

4. Viele Leute verlassen ihre Heimat, suchen – ein besseres Leben – sie

_____

5. Ahmed Yildirim ist nach Deutschland gekommen, er – bei Opel – bekommen – Arbeit

_____

6. Marvin will nicht in seinem Heimatland bleiben, dort – sein – Krieg

_____

C Zeit und Ort

1 Wiederholung – Präpositionen (Ort)

a) Ergänzen Sie die Präpositionen und die Artikel, wenn nötig.

	woher? (+ Dativ)	wo? (+ Dativ)	wohin? (+ Akkusativ)
	_____ München	_____ München	*nach* _____ München
	aus _____ Polen	_____ Polen	_____ Polen
Länder mit Artikel	_____ Türkei	_____ Türkei	*in die* _____ Türkei
	_____ Sudan	*im* _____ Sudan	_____ Sudan
	_____ USA *(Pl.)*	_____ USA	_____ USA

b) Fragen Sie im Kurs mit *woher, wo, wohin* im Präsens oder im Perfekt und antworten Sie.

Woher kommt Pjotr?

Fariye ist aus dem Iran.

Wo hast du 2003 gewohnt?

Wohin machst du einen Ausflug?

In Damaskus hatte ich eine Arztpraxis.

Ich will am Wochenende nach Köln fahren.

2 Wiederholung – Präpositionen (Zeit). Ergänzen Sie die Präpositionen.

~~am~~ – am – am – am – am – im – im – im Jahr – um – um

+ Wann kommst du? – Ich komme …

1. *am* _____ Wochenende.

2. _____ Sommer.

3. _____ April.

4. _____ Donnerstagnachmittag.

5. _____ Vormittag.

6. _____ Viertel nach acht.

7. _____ 2005.

8. _____ 9 Uhr.

9. _____ Freitag.

10. _____ Abend.

3 Ergänzen Sie die Regel. 📖 62/2

Stehen im Satz Zeitangabe und Ortsangabe zusammen, kommt meistens zuerst die _____ .

| Wo kann man Arbeit suchen? Sammeln Sie an der Tafel.

Arbeitsamt: SIS

| Wichtige Fragen. Ergänzen Sie.

> Deutsch   Lebenslauf   Wochenende   Stunde
>
> Zeugnisse   Anzeige   lange   Stelle   Tage   anfangen

1. Ich habe Ihre _____ gelesen. Ist die _____ noch frei?
2. Wann kann ich _____ ?
3. Muss ich auch am _____ arbeiten?
4. Soll ich meinen _____ mitbringen? Brauchen Sie auch die _____ ?
5. Was zahlen Sie in der _____ ?
6. Muss ich viel auf _____ telefonieren?
7. Wie _____ und wie viele _____ in der Woche muss ich arbeiten?

| Kirsten hat ein schönes Leben. Was hat sie gemacht? Sehen Sie sich die
Bilder an und schreiben Sie Sätze.

Beispiel:
1. Als sie drei Wochen alt war, hat sie laut geschrien.

1.
drei Wochen – laut
schreien

2.
vier Jahre – in den
Kindergarten gehen

3.
16 Jahre – eine Aus-
bildung als Zahnarzt-
helferin machen

4.
20 Jahre – nach
Italien in den Urlaub
fahren

	Fächer	Lehrer	☹ Fach
Mahmud	Sport Bio Erdkunde	Hr. Merkelbach (Sport) Fr. Busch, klassenlehre (Mathe, Deutsch)	Mathe
Sabrina	Mathe Geschichte	Hr. Krüger (Mathe, Geschichte)	Sport

4 a) **Schreiben Sie Sätze im Präteritum oder im Perfekt wie im Beispiel.**
   Ergänzen Sie die fehlenden Präpositionen. 📖 C/3

Beispiel:
fliegen – März – Schweden – ich → Ich bin im März nach Schweden geflogen.

1. 2002 bis 2004 – sein – ich – Polen
2. wir – 2001 – Deutschland – kommen
3. fünf Jahre – wohnen – Familie Lopez – Dresden
4. wir – Sommer – Meer – fahren
5. 06.01.2005 bis 27.04.2005 – wir – Sprachkurs – Heidelberg – machen
6. er – fahren – Österreich – 15. Juli
7. sie *(Pl.)* – Türkei – sein – Frühling
8. Frau Na – 2003 – Vietnam – Deutschland – kommen

b) **Schreiben Sie die zwei anderen Möglichkeiten wie im Beispiel.**

Beispiel: Im März bin ich nach Schweden geflogen.
          Nach Schweden bin ich im März geflogen.

D Ein Ausflug ins Grüne

1 **Familie Marks möchte im Sommer einen Wochenendausflug an den Müritzsee
in Mecklenburg-Vorpommern machen. Im Internet finden sie ein Angebot
vom „Fischerhof".** 📖 D/1

a) **Hören Sie den Text zweimal und notieren Sie Informationen zu den folgenden Fragen.**

1. Wo liegt der „Fischerhof"?
2. Was kann man auf dem „Fischerhof" und in der Umgebung machen?
3. Was gibt es in den Zimmern und Ferienwohnungen?
4. Was gibt es für Kinder?
5. Wie viel kostet eine Ferienwohnung?

b) Lesen Sie den Text und kontrollieren Sie Ihre Antworten zu Aufgabe a).

Ferien auf dem Land in Mecklenburg-Vorpommern

Nur eine Autostunde von Berlin liegt der „Fischerhof" an der Mecklenburgischen Seenplatte – hier können Sie baden, segeln und surfen oder auf ruhigen und schönen Wegen wandern. Vom Fischerhof sind es nur 500 Meter bis zur Müritz, in der Nähe ist ein Radwanderweg. Außerdem können Sie reiten und Tennis spielen. Der Fischerhof hat Zimmer mit Kochmöglichkeit und Dusche/WC und größere Ferienwohnungen. Die Ferienwohnungen sind 60 bis 90 Quadratmeter groß. Sie haben vier bis sechs Betten und im Wohnzimmer einen Fernseher. Natürlich können Sie auch Kinderbetten und Kinderstühle bekommen. Alle Gäste können den Grillplatz und den Kinderspielplatz benutzen. In der Umgebung finden Sie viele Einkaufsmöglichkeiten.

Die Wohnungen kosten zwischen 60 € und 70 € in den Monaten Juli und August. Wenn Sie in einer Wohnung wohnen möchten, können Sie auch Ihren Hund oder Ihre Katze mitbringen.

Familie Fischer freut sich auf Ihren Besuch.

c) Schreiben Sie die Informationen in die Tabelle.

Lage	Zimmer/ Ferienwohnungen	Aktivitäten	Preis	Angebote für Kinder
eine Stunde von Berlin				

2 Familie Marks gefällt der „Fischerhof". Sie füllen das Internet-Formular aus. Ergänzen Sie das Formular mit den Informationen. 📖 D/2

Thomas – Naumannstraße 11 – 4 (Personen) – 030/784 44 24 (Tel.) – Marks – 05.09.2004 – 10961 – Berlin – 03.09.2004 – tmarks@web.de – 030/784 44 34 (Fax)

Anfrage

● unverbindliches Angebot

✗ Ferienwohnung ☐ Apartment

Anzahl Personen: ☐	Anreisetag:	
Kinder unter 6: ☐	Abreisetag:	

Name: _____   Straße: _____

Vorname: _____   PLZ: _____

Ort: _____

Telefon: _____

Fax: _____

E-Mail-Adresse: _____

3 Familie Marks plant ihren Ausflug zum „Fischerhof". 📖 D/5

a) Frau Marks will nicht, dass Sabrina und Michael etwas vergessen.
   Was passt zusammen? Verbinden Sie.

Stiefel einpacken [1]   [a] keine Sachen verlieren
Spiele mitnehmen [2]   [b] pünktlich abfahren können
Getränke für die Fahrt mitnehmen [3]   [c] eure Füße nicht wehtun
die Tasche gut zumachen [4]   [d] etwas trinken können
einen Wecker nicht vergessen [5]   [e] immer den richtigen Weg finden
an die Wanderkarten denken [6]   [f] morgens nicht zu lange schlafen
sich beeilen [7]   [g] euch auch bei Regen nicht langweilig sein

b) Schreiben Sie Sätze mit *damit*.

1. *Packt die Stiefel ein, damit eure Füße nicht wehtun.*

2. _____

3. _____

4. _____

5. _____

6. _____

7. _____

c) Die Kinder haben alles gemacht. Schreiben Sie Sätze im Perfekt.

Michael hat die Stiefel eingepackt. Sabrina hat ...

4 Thomas Marks hat noch viel zu tun. Was sagt Doreen ihrem Mann? Schreiben Sie Sätze im Imperativ.

1. Wohnungsschlüssel zu Frau Yildirim bringen

   Bring den Wohnungsschlüssel zu Frau Yildirim!

2. Landkarte ins Auto legen

   _____

3. Wasser abstellen

   _____

4. Fenster schließen

   _____

5. Licht ausmachen

6. Telefonnummer vom „Fischerhof" für Frau Yildirim aufschreiben

   _____

7. EC-Karte mitnehmen

8. Ausweise nicht vergessen

   _____

5 Was nehmen Sie mit, wenn Sie einen Ausflug machen? Bilden Sie Gruppen: Sie fahren ans Meer, in die Berge oder aufs Land. Berichten Sie im Kurs und benutzen Sie Nebensätze mit *damit*.

Wir nehmen einen Discman und CDs mit, damit wir Musik hören können.

Wir nehmen Badehosen mit, damit wir ...

Wir nehmen einen Fußball mit, damit ...

6 Ergänzen Sie *am / am / ans / auf dem / aufs / in / in den / in die / ins / nach / um.*

1. Ich fahre jedes Jahr ____*ans*____ Meer. _____ Meer mache ich wirklich gern Urlaub.

2. Ich war noch nie _____ München. Ich möchte gern einmal _____ München fahren.

3. Ferien _____ Land finde ich schön, auch für die Kinder. Fahrt ihr mit uns _____ Land?

   Dann können wir auch _____ Berge fahren.

4. _____ Bergen gibt es auch viele Seen. Da kann man baden und surfen.

5. Wir können _____ Reisebüro gehen und eine Ferienwohnung _____ Titisee reservieren.

6. Jetzt hat das Reisebüro Mittagspause. Es macht _____ 14 Uhr wieder auf.

7 Im Reisebüro. Ergänzen Sie den Dialog und spielen Sie ihn.

+ Guten Tag, ich habe in Ihrem Katalog gesehen, dass Sie günstige Städtereisen im Angebot haben, jedes Wochenende von Freitagabend bis Sonntag.

– _____

_____

+ Nach München, am nächsten Wochenende.

– _____

+ Wir sind vier Personen.

– _____

+ Das ist aber schade. Geht es vielleicht in zwei Wochen?

– _____

+ Gut, das ist schön. Und 55 Euro pro Person für Busfahrt und Hotel sind nicht teuer. Dann möchte ich gern sofort buchen. Ich habe jetzt aber nicht so viel Geld dabei.

– _____

+ Prima, dann zahle ich 50 Euro jetzt und den Rest, wenn die Tickets da sind. Ich habe noch eine Frage:

_____

– Sie wohnen in zwei Doppelzimmern. Ein Zimmer für zwei Personen. Ist das in Ordnung?

+ Ja, _____

Meine Umgebung

1 **Ordnen Sie die Abschnitte und schreiben Sie einen Text. Kontrollieren Sie dann mit dem Kursbuch E/1.** 📖 E/1

a) Für Ausflüge am Wochenende gibt es ein „Schönes-Wochenende-Ticket".
b) Wenn man mit mehreren Personen eine Fahrt mit dem Zug machen möchte, kann man die Angebote bei der Deutschen Bahn nutzen.
c) Es gibt z. B. ein „Baden-Württemberg-Ticket" und ein „Brandenburg-Ticket".
d) Die Bahn bietet auch regionale Tickets für alle Bundesländer an.

_____

_____

_____

_____

_____

2 **Sabrina schreibt ihrer Freundin eine E-Mail über das Wochenende auf dem „Fischerhof".**
Lesen Sie den Text und kreuzen Sie an: Welches Wort passt in die Lücken? 📖 E/3

⬆ ▾ ⬇ ▾ 📤 Antworten 📥 Allen antworten 📁 Posteingang ▾

☐ 1 Carla,

von Freitag bis Sonntag haben wir einen Ausflug gemacht. Auf dem „Fischerhof" 2 Nähe der Müritz hatten wir eine 3 Ferienwohnung. Wir hatten Glück, 4 das Wetter war gut. Am Samstag sind wir 5 See gegangen und haben dort gebadet. Zuerst war es ganz leer, 6 war da, nur wir. Am Abend haben wir gegrillt. Am Sonntag mussten wir leider wieder 7 Berlin fahren.
8 wir haben am Vormittag noch eine Wanderung gemacht und am Mittag in einem Restaurant gegessen. Auf der Autobahn war sehr viel Verkehr. Deshalb war 9 Vater ein bisschen nervös.

Wie geht es 10? Schreib mir bald!
Viele Grüße
Sabrina

	a)	b)	c)
1.	☐ Lieb	☐ Lieber	☐ Liebe
2.	☐ in der	☐ bei der	☐ zu der
3.	☐ schönen	☐ schöne	☐ schöner
4.	☐ denn	☐ weil	☐ damit
5.	☐ an den	☐ am	☐ an der
6.	☐ jemand	☐ niemand	☐ einige
7.	☐ zu	☐ in	☐ nach
8.	☐ Aber	☐ Oder	☐ Als
9.	☐ meiner	☐ mein	☐ meine
10.	☐ mir	☐ mich	☐ dir

3 Was kann man alles in Ihrer Stadt und Region unternehmen? Sammeln Sie Informationen und erzählen Sie im Kurs.

_____

_____

_____

_____

_____

_____

_____

_____

Die Bahn DB

Strausberg
Wanderungen in reizvoller Natur

Freizeittipps

> Mit der Bahn
in den Harz 2004
Berlin – Halberstadt – Wernigerode / Thale
Halberstadt – Elbingerode (Rübelandbahn)

Die Bahn DB

Ausflugsverkehr

Kennen Sie die grüne Stadt am See mit den vier S-Bahn-höfen entlang der S5: Strausberg, Strausberg Stadt, He-germühle, Strausberg Nord? Anlass für einen erlebnisrei-chen Tag in Strausberg und seiner wald- und seenreichen Umgebung. Egal, an welchem S-Bahnhof Sie aussteigen – bis zur nächsten Badestelle, zum Waldweg oder zum Aus-flugslokal ist es garantiert nicht weit.

Die in diesem Flyer empfohlenen Touren versprechen den Wanderern zu Fuß und auf dem Rad interessante Ausflugsziele, die nicht nur die Begegnung mit der Natur, sondern auch mit Zeugnissen der Geschichte bieten.

Die S5 fährt nach Strausberg alle 20 Minuten und weiter bis Strausberg Nord alle 40 Minuten. Eine interes-sante Ergänzung zur S-Bahn-Trasse ist die Strausberger Eisenbahn, die allerdings eine ganz normale Straßenbahn ist. Sie verbindet den Bahnhof Strausberg auf einer gut 6 Kilometer langen Strecke mit dem Stadtzentrum. Mit der S5 sind es vom Alexanderplatz ganze 50 Minuten in eine Landschaft, die schon Fontane in den höchsten Tönen lobte.

S Bahn Berlin
Deutsche Bahn Gruppe

4 Schreiben Sie einen Text über Ihren letzten Ausflug und lesen Sie ihn im Kurs vor. Bringen Sie auch Fotos mit. 📖 E/4

_____

_____

_____

_____

_____

_____

_____

_____

_____

1 Was passt: *damit* oder *weil*? Unterstreichen Sie.

1. Wir müssen uns beeilen, damit/weil wir pünktlich am Bahnhof sind.
2. Campingurlaub gefällt mir nicht, damit/weil Zeltplätze überhaupt nicht bequem sind.
3. Ich kaufe mir ein neues Fahrrad, damit/weil ich im Urlaub Sport machen kann.
4. Ich fahre dieses Jahr in die Berge, damit/weil ich schon oft am Meer war.
5. Wir müssen reservieren, damit/weil wir sonst vielleicht keinen Platz mehr bekommen.
6. Ich habe einen Tisch reserviert, damit/weil wir einen Platz bekommen.

2 Schreiben Sie Sätze mit *damit*.

ins Reisebüro gehen Sport machen ein Kochbuch kaufen zum Straßenfest gehen sich beeilen	pünktlich in die Schule kommen neue Leute kennen lernen mehr Bewegung haben Informationen über billige Busreisen bekommen ein gutes Essen machen können

1. *Sie geht ins Reisebüro, damit* _____

   _____

2. _____

   _____

3. _____

   _____

4. _____

   _____

5. _____

   _____

3 a) **Sie möchten im Schwarzwald Urlaub machen. Lesen Sie die Anzeigen und beantworten Sie die Fragen.**

Hotel Schwarzwald
Hauptstraße 1, 79822 Titisee-Neustadt

Unser Hotel liegt direkt am Titisee. Unsere Zimmer sind groß und hell, haben alle Dusche/Toilette und Fernsehen. Das Hotel hat ein Schwimmbad, eine Sauna und einen Gruppenraum. Zimmerpreise (alle mit Frühstück) pro Tag und Person: 30 €, Sonderangebot für Familien: Zimmer mit Dusche/Toilette für 2 bis 4 Personen 40–45 €, Halbpension (Abendessen) 15 €. Hunde 3,50 € pro Tag. Am Titisee gibt es viele Freizeitangebote: Sie können baden, angeln, Spaziergänge machen, Fahrrad fahren. Wenn Sie bei uns wohnen, können Sie kostenlos unsere Fahrräder benutzen.

Campingplatz Am Titisee
Waldweg 130, 79822 Titisee-Neustadt

Unser Platz ist sehr gut ausgestattet. Es gibt drei Waschräume mit Duschen und Toiletten, drei Waschmaschinen, einen Fernsehraum, einen Tischtennisraum. Unser Lebensmittelladen ist täglich geöffnet.
Vom Campingplatz bis zum Titisee sind es nur 5,5 Kilometer. Sie finden hier viele Freizeitangebote: Sie können baden, angeln, Spaziergänge machen, Fahrrad fahren. Fahrräder können Sie bei uns leihen. Haustiere sind leider nicht erlaubt.
Unsere Preise pro Tag: Personen ab 16 Jahren 7 €, Kinder von 3 bis 16 Jahren 3,50 €, Auto 8 €. Wenn Sie bei uns zelten, können Sie Busse und Bahnen im gesamten Schwarzwald kostenlos benutzen.

	richtig	falsch
1. Der Campingplatz hat ein besonderes Angebot für Familien.	☐	☐
2. Vom Campingplatz zum See ist es weiter als vom Hotel zum See.	☐	☐
3. Sie können Ihren Hund auf den Campingplatz mitnehmen.	☐	☐
4. Im Hotel und auf dem Campingplatz kann man kostenlos Fahrräder benutzen.	☐	☐
5. Auf dem Campingplatz und im Hotel kann man fernsehen.	☐	☐

b) **Diskutieren Sie im Kurs. Welches Angebot gefällt Ihnen besser? Warum? Machen Sie zuerst Notizen.**

Urlaub auf dem Campingplatz
Vorteile   Nachteile

Urlaub im Hotel
Vorteile   Nachteile

Mir gefällt der Campingplatz besser, weil er billiger als das Hotel ist.

Ich weiß nicht, wenn ich die Preise in den Anzeigen vergleiche, finde ich das Hotel gar nicht so teuer.

Ich mag Campingurlaub überhaupt nicht. Urlaub im Zelt finde ich nicht bequem.

c) **Entscheiden Sie sich für ein Angebot. Schreiben Sie einen Brief und reservieren Sie einen Zeltplatz oder ein Zimmer.**

Sehr geehrte Damen und Herren,

quer _____

A

Bundesland, das, "-er _____

insgesamt _____

Landeshauptstadt, die, "-e _____

B

Gemeinde, die, -n _____

Arbeiter/in, der/die, -/nen _____

offen _____

flüchten _____

Staat, der, -en _____

demokratisch _____

Republik, die, -en _____

Mauer, die, -n _____

Protest, der, -e _____

wirtschaftlich _____

religiös _____

Liebe, die, * _____

C

Sprachkurs, der, -e _____

betonen _____

D

Grüne, das, * _____

Prospekt, der, -e _____

Campingplatz, der, "-e _____

Zelt, das, -e _____

ausstatten _____

Waschraum, der, "-e _____

Dusche, die, -n _____

Fernsehraum, der, "-e _____

Tischtennis, das, * _____

Tischtennisraum, der, "-e _____

bieten, geboten _____

Freizeitangebot, das, -e _____

baden _____

segeln _____

surfen (2) _____

Zeltplatz, der, "-e _____

bestätigen _____

Badehose, die, -n _____

damit _____

See, der, -n _____

dabeihaben _____

beeilen (sich) _____

Zweck, der, -e _____

Taschenlampe, die, -n _____

Wecker, der, - _____

Sonnencreme, die, -s _____

Sonnenbrand, der, "-e _____

E

Umgebung, die, -en _____

Tipp, der, -s _____

Magazin, das, -e _____

Stadtmagazin, das, -e _____

Burg, die, -en _____

Verkehrsverbindung, die, -en _____

Tourismus, der, * _____

Tourismusbüro, das, -s _____

Touristeninformation, die, -en _____

Ausflugsziel, das, -e _____

Wanderweg, der, -e _____

Fahrradweg, der, -e _____

Busfahrt, die, -en _____

Kaffeefahrt, die, -en _____

Busreise, die, -n _____

vorsichtig _____

Art, die, -en _____

Lücke, die, -n _____

Mitfahrzentrale, die, -n _____

melden _____

ausmachen (3), _hier:_ einen Treffpunkt ausmachen _____

Benzin, das, * _____

Picknickplatz, der, "-e _____

A Mach's gut!

1 Reaktionen auf einen Abschied. Ordnen Sie die Reaktionen aus dem Kasten in die Tabelle. ▱ A/3

Schade!	Ich gratuliere dir.	Ich verstehe das nicht.	Das klappt bestimmt!
Das finde ich aber traurig.	Ich wünsche dir viel Glück!	Was wird mit uns?
Ich drücke dir die Daumen!	Alles Gute!	Du wirst mir fehlen.	~~Toll!~~
Mach dir keine Sorgen.	Viel Erfolg!	Das ist natürlich schön.

☺

Toll! _____

☹

_____

_____

_____

_____

_____

_____

2 Lesen Sie die zwei Situationen und schreiben Sie Dialoge in zwei Varianten.
Benutzen Sie die Redemittel aus Aufgabe 1. ▱ A/4
a) Sie freuen sich.
b) Sie sind traurig.

1. Ihr Freund Max zieht mit seiner Frau und seinem kleinen Sohn in eine kleine Stadt.
   Er hat dort eine Arbeit gefunden. Das Leben ist dort für ihn und seine Familie
   ruhiger. Er will Ihnen oft schreiben und Sie anrufen.
2. Ihre Freundin Frauke will jetzt in Bremen studieren. Sie hat einen neuen Freund,
   der dort wohnt, und sie möchte mit ihm zusammen sein. Sie hofft, dass ihr das neue
   Leben dort gefällt.

B1 Familie Marks zieht aus

1 Hören Sie den Dialog im Kursbuch B1/1 noch einmal und beantworten Sie
die Fragen. 📖 B1/1

2b/48

1. Warum zieht Familie Marks weg?
2. Wohin zieht Familie Marks?
3. Wann zieht Familie Marks um?
4. Wie will die Familie wohnen?
5. Was will Doreen machen?
6. Was will Michael machen?

2 Was sagen Herr König, Frau Hubertz und Frau Marschall? Lesen Sie
die Texte und bilden Sie dann Sätze mit den Redemitteln im Kasten.
Achten Sie auf den Wechsel bei den Pronomen! 📖 B1/2

Ich ziehe bald von Nürnberg nach München. Dort wohnt meine Mutter.
Sie ist über achtzig und sie braucht mich. Hoffentlich bleibt der Kontakt zu
meinen alten Freunden. Natürlich mache ich ein großes Abschiedsfest!

Ich will in der Nähe von meiner Tochter wohnen. Sie lebt in Göttingen
und ich kenne die Stadt noch aus meiner Kindheit. Ich suche auch schon
eine Wohnung in Göttingen, aber ich habe noch keine gefunden.

Meine Firma schickt mich nach Erfurt. Da bekomme ich eine interessante
Arbeit und ich verdiene mehr Geld. Meine Familie kommt später nach.
Meine Freunde sind ein bisschen traurig, glaube ich. Aber ich rufe oft an
und schreibe Briefe. Das habe ich versprochen.

Ich habe gehört, dass …

Er/Sie hat gesagt, dass …

Er/Sie hat versprochen, dass …

Er/Sie glaubt, dass …   Er/Sie hofft, dass …

Weißt du schon, dass …?

Ich habe gehört,
dass Herr König nach
München zieht.

Frau Hubertz hat gesagt,
dass sie in der Nähe von ihrer
Tochter wohnen will.

3 Was hat der Arzt gesagt? Schreiben Sie Nebensätze mit *dass* und *sollen.* 📖 B1/3

1. Bleiben Sie im Bett!   *Er hat gesagt, dass ich im Bett bleiben soll.*

2. Trinken Sie viel Tee!

3. Nehmen Sie die Halstabletten!

4. Schicken Sie die Krankschreibung an Ihre Krankenkasse!

5. Essen Sie viel frisches Obst!

6. Gehen Sie nicht schwimmen oder lange spazieren!

7. Kommen Sie am Montag wieder in meine Praxis!

4 Was fragen die Nachbarn Familie Marks? Schreiben Sie Nebensätze mit *ob.*

Beispiel:
Herr Yildirim: „Rufen Sie uns bald wieder an, Herr Marks?"
→ Herr Yildirim fragt, ob Herr Marks sie bald wieder anruft.

1. Frau Yildirim: „Freuen Sie sich auf Dresden, Frau Marks?"
2. Frau Brodsky: „Ist die neue Wohnung größer als die alte?"
3. Herr Brodsky: „Gehen Sie gern von Berlin weg, Herr Marks?"
4. Mahmud: „Warst du schon einmal in Dresden, Sabrina?"
5. Herr Yildirim: „Kostet der Umzug viel?"
6. Frau Yildirim: „Haben Sie schon mit der Internet-Buchhandlung angefangen, Frau Marks?"

5 Ergänzen Sie in den Nebensätzen *dass* oder *ob.*

1. Die Schüler haben gefragt, _____ die Ferien bald beginnen.

2. Meine Nachbarin hat mir gesagt, _____ morgen der Schornsteinfeger kommt.

3. Ich habe gehört, _____ du eine andere Arbeit suchst.

4. Das Kind hat mich gefragt, _____ ich die genaue Uhrzeit habe.

5. Meine Frau fragt, _____ das Essen schon fertig ist.

6. Mein Sohn fragt, _____ ich pünktlich von der Arbeit nach Hause kommen kann.

7. Du hast mir versprochen, _____ wir zusammen ins Kino gehen.

8. Ich glaube, _____ das Wetter am Wochenende schön wird.

1 Wiederholung – Nebensätze. Familie Marks bereitet die Abschiedsfeier vor. Ergänzen Sie die passende Konjunktion. 📖 B2/2

wenn	dass	ob	weil	als	damit

1. Sabrina, kannst du den Tisch aufräumen, _____ ich das Essen vorbereiten kann?

2. Was machen wir, _____ zu wenig Getränke da sind? Wir sollten noch Wein und Bier kaufen.

3. _____ wir das letzte Mal eine Party gefeiert haben, haben alle viel getanzt. Wir müssen Mahmud noch nach CDs fragen.

4. Frau Brodsky hat gefragt, _____ wir genug Salat haben.

5. Frau Yildirim hat gesagt, _____ sie auch einen Salat macht.

6. Wir machen alles besonders schön, _____ das Fest allen gefällt.

7. Ich glaube, _____ Herr Yildirim eine Rede hält.

8. Mahmud ist vielleicht traurig, _____ er dich jetzt nicht mehr jeden Tag sieht.

9. Frau Yildirim ist an der Tür und fragt, _____ wir ihr Eier für den Salat geben können.

10. Leider kann ich ihr keine Eier geben, _____ ich alle für den Kuchen gebraucht habe.

2 Wiederholung – Adjektivdeklination. Lesen Sie die Sätze und ergänzen Sie die Endungen. 📖 B2/3

1. Die Nachbarn sagen „Auf Wiedersehen". Für Sabrina und Mahmud ist das ein schwer_____ Abschied.

2. Die neu_____ Wohnung von Familie Marks ist nicht teuer.

3. Familie Marks bekommt zum Abschied einen groß_____ Samowar.

4. Frau Marks bedankt sich für das toll_____ Geschenk.

5. Der fröhlich_____ Abend war erst spät zu Ende.

6. Frau Marks will gebraucht_____ Bücher verkaufen.

7. Familie Marks hatte in der Naumannstraße eine schön_____ Zeit.

8. Gut_____ Nachbarschaft bedeutet ein leichter_____ Leben.

3 Wiederholung – Wortposition. Bilden Sie Sätze im Präsens oder im Perfekt und schreiben Sie zwei Varianten:
a) die Nominativergänzung auf Position 1.
b) die Zeit- oder die Ortsangabe auf Position 1.

Beispiel: ich – jeden Morgen um 9 Uhr – gehen – in den Kurs
→ a) Ich gehe jeden Morgen um neun Uhr in den Kurs.
→ b) Jeden Morgen um 9 Uhr gehe ich in den Kurs.

1. die Abschiedsfeier – von Familie Marks – stattfinden – am 20. April

a) _____

b) _____

2. Herr und Frau Yildirim – seit vielen Jahren – wohnen – in Berlin

a) _____

b) _____

3. wohnen – Sabrina – in der Naumannstraße – gern

a) _____

b) _____

4. Mahmud – Sabrina – in Dresden – besuchen – im November

a) _____

b) _____

5. anfangen – ich – eine Ausbildung bei der Post – nach dem Kurs

a) _____

b) _____

4 Wiederholung – Indefinitpronomen. Ergänzen Sie die Sätze.

jemand – ~~alle~~ – alles – viele – nichts – niemand – etwas

1. Hoffentlich kommen ____*alle*____ .

2. Bringt _____ CDs mit?

3. Wir haben _____ Freunde eingeladen.

4. Jetzt kann die Party beginnen! _____ ist fertig.

5. Gestern hat _____ bei mir angerufen.

6. Mahmud hat Sabrina zum Abschied _____ geschenkt.

7. Sabrina konnte fast _____ sagen.

5 a) **Hören Sie das Gespräch zwischen Mahmud und Sabrina auf der Abschiedsfeier. Was glauben Sie: Was schenkt Mahmud Sabrina?**

2b/50

 b) **Hören Sie die Fortsetzung des Gesprächs und beantworten Sie die Fragen.**

2b/51

1. Was schenkt Mahmud Sabrina?
2. Warum schenkt er ihr etwas?
3. Was will Sabrina machen?

c) **Sabrina schreibt Mahmud aus Dresden eine E-Mail und bedankt sich für das Geschenk. Sie sind Sabrina und schreiben die E-Mail. Benutzen Sie die Wörter im Kasten.**

vielen Dank	Geschenk	ein tolles Fest	oft an dich denken
Dresden: schöne Stadt, aber noch niemanden kennen		bald besuchen	Liebe Grüße

---

▢ ⬆▾ ⬇▾ | 🗁 Antworten 🗁 Allen antworten 🗁 Weiterleiten | ⚑ 🖨 📰 🗑 ▦ Å | 🗋 Posteingang ▾

⁞⁞⁞⁞⁞

Lieber Mahmud,

_____

_____

_____

_____

_____

_____

6 In Lektion 10, Alles Klar, Aufgabe 5 haben Sie über ein Fest zum Ende des Deutschkurses gesprochen. Auch Paolo hat an einem Deutschkurs teilgenommen, der bald zu Ende ist. Er schreibt seinem Freund Peter eine E-Mail. Kreuzen Sie an: Welches Wort passt in die Lücken?

⇧ ▼ ⇩ ▼ 📤 Antworten 🗑 ▥ A̲ 📁 Posteingang ▼		

☐ 1 Peter,

hast du ☐ 2 nächsten Freitagmittag Zeit? Unser Deutschkurs macht eine Abschiedsparty. Es soll ein ☐ 3 Fest werden und alle von uns wollen auch Freunde, die nicht im Kurs waren, ☐ 4 .
Und da habe ich an ☐ 5 gedacht. Hast du Zeit und Lust? Wir treffen ☐ 6 in der Schule um 14 Uhr. Es kommen ungefähr 40 Leute und wir haben auch schon Essen und Trinken organisiert. Was noch fehlt ist Musik. Natürlich bringen viele CDs mit, ☐ 7 du kannst doch so toll Gitarre spielen. Kommst du auch? Alle Leute, die kommen, sind sehr nett, ☐ 8 kennst du ja schon. Und Nadja kann so toll singen. Und ☐ 9 du dann mit deiner Gitarre kommst … Sag mir doch schnell ☐ 10 .
Hoffentlich bis Freitag!
Viele Grüße
Paolo

	a)	b)	c)
1.	☐ Liebe	☐ Liebe	☐ Lieber
2.	☐ am	☐ an	☐ um
3.	☐ groß	☐ große	☐ großes
4.	☐ einladen	☐ laden ein	☐ eingeladen
5.	☐ deine	☐ dich	☐ dir
6.	☐ sich	☐ uns	☐ unser
7.	☐ denn	☐ aber	☐ weil
8.	☐ einige	☐ jede	☐ niemand
9.	☐ als	☐ wann	☐ wenn
10.	☐ Bescheid	☐ Termin	☐ Nachricht

7 In dem Brief gibt es acht Fehler. Unterstreichen Sie sie und schreiben Sie den Brief neu.

Hallo Yvonne,

ich glaube, dass <u>ich kann</u> nicht auf die Abschiedsparty kommen. Seit gestern ich habe eine Erkältung und muss ins Bett bleiben. Wann es mir am Freitag geht besser, ich komme vielleicht, aber im Moment geht es mir nicht so gut.

Ich wünsche euch viel Spaß, feierst schön und grüß alle von mich.
Susanne

Hallo Yvonne,

_____

_____

_____

_____

C Ein Brief aus Dresden

1 Wiederholung – Verben mit Präpositionen (I). Ergänzen Sie die Präpositionen in der E-Mail. 📖 C/3

für – auf – zu – an – von – über – mit

```
┌─────────────────────────────────────────────────────────────────────────────┐
│ □ ▭▭▭▭▭▭▭▭▭▭▭▭▭▭▭▭▭▭▭▭▭▭▭▭▭▭▭▭▭▭▭▭▭▭▭▭▭▭▭▭▭▭▭▭▭▭▭▭▭▭▭▭  ⊟ ▤ │
├─────────────────────────────────────────────────────────────────────────────┤
│ ⇧▾  ⇩▾  │ 📤 Antworten  📤 Allen antworten  📨 Weiterleiten │ 🏳 🖨 📧 🗑 │ ▦ Aͫ │ 📁 Posteingang ▾ │
├─────────────────────────────────────────────────────────────────────────────┤
│                                                                             │
├─────────────────────────────────────────────────────────────────────────────┤
│                                    .....                                     │
│                                                                          ▲  │
│   Liebe Inka,                                                               │
│                                                                             │
│   ich denke oft _____ euch. Ich spreche immer wieder _____         │
│   meinem Freund _____                                                  │
│                                                                             │
│   unsere alte Wohnung in München. Es war doch schön, Tür an Tür, nicht      │
│   wahr? Ich möchte                                                          │
│                                                                             │
│   _____ deine letzte Mail antworten und dir noch einmal _____      │
│   deine Hilfe beim Umzug                                                    │
│                                                                             │
│   danken. Ja, es geht uns gut. Wenn ich Hamburg _____ München          │
│   vergleiche, ist die Stadt                                                 │
│                                                                             │
│   größer, aber auch kälter. Die Nachbarn sind sehr freundlich und haben     │
│   uns _____ der                                                        │
│                                                                             │
│   schönen Wohnung gratuliert.                                               │
│                                                                             │
│   Ich denke, ich telefoniere _____ dir am Wochenende, okay? Dann       │
│   erzähle ich dir noch mehr                                                 │
│                                                                             │
│   _____ Hamburg. Übrigens: Manchmal träume ich _____ München.     │
│   Komisch, nicht?                                                           │
│                                                                             │
│   Liebe Grüße                                                               │
│   deine Marion                                                             │
│                                                                          ▼  │
└─────────────────────────────────────────────────────────────────────────────┘
```

2 Wiederholung – Verben mit Präpositionen (II). Ergänzen Sie die Präpositionen und Verbindungen von *da(r)* + Präposition.

1. Gestern Abend waren wir im Garten sehr laut.

   Die Nachbarn haben sich _darüber_ beschwert.

2. + Hast du dich schon _____ die Musik
   für das Fest gekümmert?

   – _____ kümmert sich Jonas.

3. Die erste Zeit hier war schwer. Ich erinnere mich

   nicht gern _____ .

4. + Ich habe neue Schuhe gekauft. Glaubst du,

   dass sie _____ dem Kleid passen?

   – Ja, sie passen gut _____ .

5. Sie haben eine neue Arbeitsstelle? _____
   gratuliere ich Ihnen!

6. Bald habe ich Urlaub. Ich freue mich schon

   _____ .

3 Wiederholung – Relativsätze. Ergänzen Sie die Relativpronomen im Nominativ, Akkusativ oder Dativ. 📖 C/7

1. Mein Freund, _____den_____ ich lange nicht gesehen habe, besucht mich morgen.

2. Wir warten auf unseren Onkel, _____ uns nach Hause fährt.

3. Heute Abend treffe ich einen Freund, _____ ich von der Uni kenne.

4. Frau Heine ruft ihre Kinder, _____ auf der Straße spielen.

5. Die Nachbarn, _____ wir beim Umzug geholfen haben, machen heute eine Einweihungsparty.

6. Wir treffen am Nachmittag Renate und Kouma, _____ wir auf dem Sommerfestival kennen gelernt haben.

7. Ich kaufe oft bei dem Mann von Kouma ein, _____ das afrikanische Geschäft gehört.

8. Der Mann, _____ im Erdgeschoss wohnt, grüßt nur selten.

9. Frau Baumann ist eine Lehrerin, _____ sehr beliebt ist.

10. Ich spreche gleich mit der Sekretärin, _____ ich die Unterlagen gegeben habe.

4 Ergänzen Sie im Relativsatz die Präpositionen und Relativpronomen.

1. Die Freundin, _____mit der_____ ich heute ins Kino gehe, heißt Nadine.

2. Die Firma, _____ ich telefoniert habe, ist in Dortmund.

3. Das Haus, _____ ich wohne, hat vier Etagen.

4. Das Land, _____ ich komme, heißt Kamerun.

5. Das Land, _____ ich in Urlaub fahre, liegt in Südeuropa.

6. Ich rufe heute Firaz an, _____ ich lange in einer Wohngemeinschaft zusammengelebt habe.

7. Die Freunde, _____ wir uns getroffen haben, wohnen in München.

8. Das Thema, _____ wir diskutiert haben, war sehr aktuell.

9. Das Konto, _____ du so viel Geld abgehoben hast, ist jetzt leer.

10. Meine Eltern, _____ ich oft denke, kommen am Sonntag zu Besuch.

11. Die Party, _____ ich dich eingeladen habe, findet eine Woche später statt.

12. Der Brief, _____ ich so lange gewartet habe, ist heute angekommen.

5 Das Relativsatz-Quiz (III)

a) **Was passt zusammen? Erklären Sie die Wörter links mit den passenden Wörtern rechts. Schreiben Sie Relativsätze und fragen Sie dann im Kurs.**

1. Flugzeug
2. Stühle
3. Kaffeemaschine
4. Schule
5. Blume
6. Zugspitze
7. Mantel, Pullover und Schal
8. Leder
9. Fußball
10. ~~Elefant~~

a) ~~Tier~~
b) Pflanze
c) Gerät
d) Berg
e) Institution
f) Material
g) Möbel
h) Verkehrsmittel
i) Ball
j) Kleidung

> Was ist ein Elefant?

> Ein Elefant ist ein Tier, das in Afrika lebt.

b) **Finden Sie weitere Wörter, die Ihr Partner / Ihre Partnerin erklären soll.**

D Abschiede

1 a) **Andrej schreibt über das Ende von seinem Deutschkurs und über seine Pläne. Lesen Sie den Text und ergänzen Sie.** 📖 D/5

Freunde – Erfolg – Anfang – Fehler – Chance – Probleme – Leben – Ausbildung – Zeit

Abschied

Morgen ist der letzte Tag von unserem Kurs. Ich habe hier viele _____ gefunden

und es war eine schöne _____ . Ich habe viel gelernt. Ich mache weniger

_____ , wenn ich spreche, und ich habe weniger _____ , wenn

ich telefonieren muss oder einkaufen gehe. Natürlich bin ich etwas traurig, denn wir waren viele

Monate zusammen und ich weiß nicht, ob wir uns noch oft wiedersehen. Aber ein neuer

_____ ist auch eine neue _____ . Im Herbst will ich eine

_____ anfangen. Außerdem suche ich eine Wohnung und ich will den Führer-

schein machen. Ich bin sicher, dass mein _____ in Deutschland gut wird. Ich

wünsche auch meinen Kollegen aus dem Kurs für ihre Pläne viel _____ .

b) Beantworten Sie die Fragen.

1. Was ist für Andrej besser geworden?
2. Welche Gefühle hat er am Kursende?
3. Welche Pläne hat Andrej?
4. Was wünscht Andrej seinen Kollegen?

c) Schreiben Sie einen Text zu dem Thema. Schreiben Sie zu jeder Frage zwei Sätze.

– Was haben Sie in dem Kurs gelernt?
– Was konnten Sie am Anfang nicht, was können Sie jetzt besser?
– Welche Pläne haben Sie für die Zeit nach dem Kurs?

2 Machen Sie ein Wörternetz zum Thema *Deutschland.*

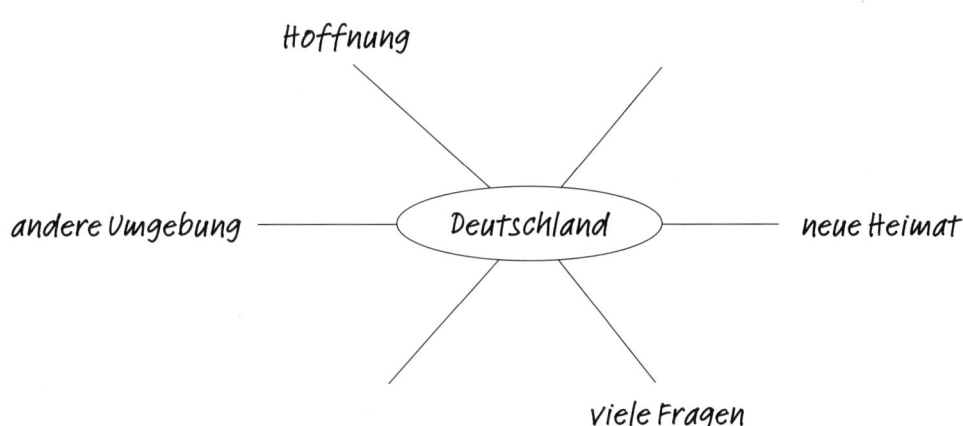

1 Verbinden Sie die Sätze.

1. Ist das die Lehrerin, …?
a) Die Lehrerin unterrichtet Englisch.
b) Du hast mir von der Lehrerin erzählt.
c) Du findest die Lehrerin nett.

2. Ist das das Buch, …?
a) Du hast das Buch zum Abschied bekommen.
b) Du hast dich auf das Buch gefreut.
c) Du kannst mit dem Buch gut lernen.

3. Sind das die CDs, …?
a) Ihr wollt die CDs auf das Fest mitbringen.
b) Du hast mir gestern von den CDs erzählt.
c) Meine Freundin will die CDs gern mal hören.

4. Sind das die Nachbarn, …?
a) Sie haben sich über die Nachbarn beschwert.
b) Sie haben gestern mit den Nachbarn gefeiert.
c) Die Nachbarn wohnen im dritten Stock.

1. a) *Ist das die Lehrerin, die Englisch unterrichtet?* _____

   b) _____

   c) _____

2. a) _____

   b) _____

   c) _____

3. a) _____

   b) _____

   c) _____

4. a) _____

   b) _____

   c) _____

2 Schreiben Sie Sätze mit *dass* oder *ob.*

Ich weiß nicht, _____ .

Ich weiß, _____ .

Können Sie mir sagen, _____ ?

Ich habe gehört, _____ .

3 Sie brauchen einen Würfel und eine Spielfigur. Gehen Sie so viele Felder, wie der Würfel anzeigt. Erzählen Sie. Wenn Sie auf ein freies Feld kommen, müssen Sie nichts erzählen.

START

| | | Was machen Sie am liebsten am Wochenende? | Erzählen Sie von Ihrer Familie. | Worauf freuen Sie sich? |

Erzählen Sie von einem Pechtag.

Was möchten Sie noch lernen?

Ein schönes Geschenk, das Sie bekommen haben.

Was können Sie gut?

Ihre Pläne für nächste Woche

Was machen Sie gern?

Was machen Sie abends?

Welche Jahreszeit haben Sie am liebsten?

Ihre Meinung zu Handys

Ein Fernsehprogramm, das Sie gut finden

Was ist Glück?

Ihre Hobbys

Ihr Lieblingssport

Erinnerungen an Ihre Schulzeit

Ihr Traumberuf

Ihre Lieblingsmusik

Ein Film, den Sie gesehen haben

Ein interessantes Buch

Worüber müssen Sie lachen?

Deutschland

Erzählen Sie von einem Land, das Sie interessiert.

Was machen Sie überhaupt nicht gern?

Erzählen Sie von einem Traum.

ENDE

Ihre Pläne nach diesem Kurs

Was trinken Sie gern?

Welche Städte kennen Sie in Deutschland?

Was haben Sie letztes Wochenende gemacht?

Beschreiben Sie Ihren Weg zum Kurs.

Welches Fernsehprogramm finden Sie gut?

Ihr letzter Urlaub

A

gut machen, *hier:* Mach's gut! _____

bestehen, bestanden _____

Heim, das, * _____

Dank, der, * _____

Neuanfang, der, "-e _____

Großstadt, die, "-e _____

Großstadtleben, das, * _____

Bedauern, das, * _____

weggehen, weggegangen _____

bewerben (sich + auf + Akk. / + bei + Dat.), beworben _____

Sorge, die, -n *(meistens Pl.),* *hier:* sich Sorgen machen _____

Kindergartenplatz, der, "-e _____

einleben *(sich)* _____

Daumen, der, -, *hier: jdm die* Daumen drücken _____

drücken _____

Zuhause, das, * _____

wegziehen, weggezogen _____

Studienplatz, der, "-e _____

B1

Neuigkeit, die, -en _____

Buchhandlung, die, -en _____

Ruderverein, der, -e _____

eintreten, (+ in + Akk.) eingetreten _____

Abschiedsparty, die, -s _____

ob _____

abschreiben, abgeschrieben _____

B2

Rede, die, -n _____

halten, gehalten, *hier:* eine Rede halten _____

Sekt, der, -e *(Pl. selten)* _____

Hausgemeinschaft, die, -en _____

erwarten _____

vermissen _____

Wohl, das, *, *hier:* Zum Wohl! _____

anfreunden *(sich + mit + Dat.)* _____

Torte, die, -n _____

ausblasen, ausgeblasen _____

C

Vorbereitung, die, -en _____

wohl fühlen *(sich)* _____

wunderschön _____

einziehen, eingezogen _____

Abendschule, die, -n _____

D

Traurigkeit, die, * _____

Neugier, die, * _____

Hoffnung, die, -en _____

verarbeiten _____

Umgebung, die, -en _____

Trennung, die, -en _____

Elternhaus, das, * _____

ähnlich _____

schrecklich _____

entdecken _____

Seele, die, -n _____

vorausgehen, vorausgegangen _____

nachkommen, nachgekommen _____

irgendwann _____

Schluss, der, * _____

Zukunft, die, * _____

Alles klar

Spielfigur, die, -en _____

Feld, das, -er _____

Würfel, der, - _____

anzeigen _____

streiten *(sich),* gestritten _____

Anhang

Hörtexte

Hier finden Sie alle Hörtexte, die nicht oder nicht vollständig im Arbeitsbuch abgedruckt sind.

Lektion
1 Meine Geschichte

1 3 Mit sechs Jahren konnte ich schon lesen und ich wollte auch gern in die Schule gehen und lernen. Nach der Schule habe ich viel Fußball im Park gespielt. Auf der Straße durfte ich nicht spielen. Das haben meine Eltern nicht erlaubt, denn da waren zu viele Autos. Zuerst bin ich gern in die Schule gegangen, aber später musste ich immer mehr Hausaufgaben machen. Das war manchmal schwer! Zu Hause musste ich oft auf meine kleine Schwester aufpassen. Mit 15 Jahren wollte ich im Fußball-verein jeden Tag Fußball spielen. Das hat viel Spaß gemacht! Mit 18 habe ich den Führerschein gemacht und durfte mein erstes Auto fahren. Da war ich stolz!

1 5 1. Interview

\+ Frau Ahrens, sind Sie gern zur Schule gegangen?

\– Eigentlich ja. Ich habe gern gelernt und habe viele Freundinnen gehabt. Das hat Spaß gemacht. Mein Klassenlehrer in der Grundschule war auch mein Lieblingslehrer. Sein Name war Anton, Herr Anton. Er war sehr nett. Meine Schulzeit war schön.

\+ Hatten Sie auch ein Lieblingsfach?

\– Ich mochte fast alle Fächer, aber Geschichte hat mir immer am besten gefallen.

2. Interview

\+ Herr Willard, wie war das bei Ihnen: Haben Sie die Schule gemocht?

\– Na ja, ich war als Schüler eher faul. Die Lehrer hatten ihre Probleme mit mir. Ich war laut und habe nicht oft die Hausaufgaben gemacht. Ich habe lieber Fußball gespielt. Aber zum Schluss habe ich gelernt und das Abitur gemacht.

\+ Hatten Sie einen Lieblingslehrer?

\– Nein, ich habe ja gesagt, ich bin nicht gern in die Schule gegangen.

3. Interview

\+ Frau Mutz, wie war Ihre Schulzeit?

\– Zuerst hatte ich keine Lust. Mit sechs Jahren wollte ich spielen und nicht lernen. Die Schule war langweilig. Aber später mochte ich die Schule. Ich mochte Deutsch, Mathe und Sport. Wir haben in der Schule auch Musik gemacht und Theater gespielt.

\+ Hatten Sie einen Lieblingslehrer oder Lieblingslehrerinnen?

\– Meine Musiklehrerin, Frau Weber, und mein Erdkundelehrer, Herr Meyer.

E 3 1. Ich bin Anja und 30 Jahre alt. Mein Berufswunsch als junges Mädchen war Tierärztin, denn ich mag Tiere. Aber später habe ich Journalistik studiert. Heute arbeite ich für eine Zeitung.

2. Ich heiße Thomas und bin 35 Jahre alt. Als Kind wollte ich Pilot werden. Ich wollte viele Länder kennen lernen. Aber ich habe eine Brille und habe lieber als Kellner gearbeitet. Heute habe ich ein kleines Restaurant und lerne gern neue Menschen kennen.

3. Ich bin Marina. Ich bin 22 und studiere noch. Mit zwölf Jahren wollte ich Hausfrau und Mutter sein, denn ich liebe Kinder. Heute studiere ich Informatik, denn ich arbeite gern mit Computern.

C1 3 1.

+ Ja, bitte?

– Ich möchte gern Geld wechseln, englische Pfund in Euros.

+ Kein Problem! Einen Moment, ich muss erst den Wechselkurs abrufen und dann …

2.

+ Kann ich bei Ihnen ein Konto eröffnen?

– Natürlich. Was für ein Konto soll es denn sein? Ein Girokonto oder ein Sparkonto?

+ Ein Girokonto.

3.

+ Sag mal, Schatz, heute ist schon der dritte Oktober. Hast du schon die Miete überwiesen?

– Nein, noch nicht.

+ Wir müssen einen Dauerauftrag einrichten.

– Stimmt.

4.

+ Du, Klaus. Ich muss noch am Automaten Geld abheben. Ich habe kein Bargeld mehr.

– Gut. Ich warte im Auto.

Lektion

3 Eine Arbeit in Deutschland

A 1 a)

1. Wie möchten Sie zahlen? Zusammen oder getrennt?
2. Sie haben eine Grippe. Ich schreibe Sie eine Woche krank.
3. Warum funktioniert das Programm nicht?
4. He, Kurt, der Motor muss noch mal kontrolliert werden!
5. Das wird ein schöner Schrank!
6. Sie sehen prima mit der neuen Frisur aus.
7. Die Brücke ist bald fertig!
8. Der Zug kommt pünktlich in Stuttgart an.

Lektion

4 Medien

C 1 a)

Tom:

Ich mag gern Musik. Deshalb höre ich viel Radio. Manche Sender haben ein sehr gutes Musikprogramm. Und ich surfe auch gern im Internet. Viele Musikgruppen haben nämlich eine eigene Internetseite, da kann man z. B. die Texte zur Musik finden. Fernsehen mag ich nicht so. Filme kann man sich viel besser im Kino ansehen.

Jelena:

Mein Mann und ich, wir sehen abends meistens fern, weil wir nach der Arbeit immer müde sind.
Bei Tierfilmen kann man sich z. B. gut entspannen. Radio höre ich nicht oft, das macht mich ganz nervös.
Morgens in der U-Bahn lese ich gern die Tageszeitung oder auch mal eine Frauenzeitschrift.

Jasim:

Ich verbringe viel Zeit mit dem Internet. Da kann ich z. B. Nachrichten aus meiner Heimat lesen.
Das ist praktisch, so weiß ich immer, was dort passiert. Ich lese auch oft Zeitschriften, besonders
Computerzeitschriften. Fernsehen ist auch nicht schlecht. Die guten Spielfilme kann man auf Video
aufnehmen. Das finde ich prima, dann kann ich sie mir immer wieder ansehen.

Nicole:

Mit meiner kleinen Tochter höre ich oft Kassetten oder CDs und auch Radio. Da gibt es nämlich
manchmal sehr schöne Kindersendungen. Die finde ich viel besser als die Sendungen im Fernsehen.
Zur Information lese ich immer die Tageszeitung. Das Internet nutze ich vor allem für E-Mails an
meine Freunde im Ausland.

Lektion
5 Feste feiern

A 2 a) Dienstag, 17. November   c) Donnerstag, 9. Juli   e) Samstag, 2. September
b) Mittwoch, 24. April   d) Freitag, 31. März   f) Sonntag, 20. Mai

B 2
Anke: König …
Karsten: Hallo, Anke, hier ist Karsten.
Anke: Ja, hallo, Karsten. Schön, dich zu hören. Wie geht's?
Karsten: Danke, gut! Du, ich habe am 26. Februar Geburtstag und an dem Samstag danach,
also am 1. März, mache ich eine große Party. Da wollt' ich dich einladen. Hast du Lust?
Anke: Am Samstag, den 1. März … Moment! Da muss ich mal schauen. Du, da kann ich
leider nicht. Meine Schwester kommt vom 25. Februar bis zum 2. März zu Besuch.
Weißt du, sie heiratet am 1. April und wir wollen die Hochzeit planen.
Karsten: Das ist aber schade …! Du, ich habe eine Idee. Warum bringst du deine Schwester
nicht einfach mit?
Anke: Ja … stimmt. Gute Idee.
Karsten: Super! Ich freu' mich, wenn ihr beide kommt. So ab 20 Uhr, o. k.?!
Anke: Alles klar! Und nochmal vielen Dank für die Einladung! Bis dann! Tschüs.
Karsten: Ja, tschüs, bis bald!

D 4 b)
Hallo Klaus,
gestern war ich auf der Geburtstagsparty von Tina. Es war wirklich toll! Wir waren ca. 30 Gäste.
Jeder hat etwas zu essen oder zu trinken mitgebracht. Ich habe sogar extra einen Kuchen gebacken.
Ich habe mich gut unterhalten und sehr nette Leute kennen gelernt. Wir haben auch viel getanzt,
nur der Raum war etwas klein. Ich war erst um drei Uhr zu Hause und bin heute ziemlich müde.
Bis bald mal wieder und viele Grüße!
Marco

B1 4 a)

+ Entschuldigen Sie, wir machen ein Interview. Interessieren Sie sich für neue Kinofilme und gehen Sie regelmäßig ins Kino?

– Ja, ich interessiere mich für neue Filme und gehe gern ins Kino. Natürlich nicht jede Woche, aber vielleicht so einmal im Monat.

+ Und Sie? Gehen Sie auch gern ins Kino?

– Ja, ich gehe sehr gern ins Kino. Das ist viel besser als zu Hause fernsehen. Und ich freue mich auf jeden Film mit Julia Roberts, das ist meine Lieblingsschauspielerin.

+ Wie ist es bei Ihnen? Interessieren Sie sich für Filme?

– Also, früher waren wir oft im Kino. Aber dann haben wir uns über viele Filme geärgert. Jetzt sehen wir lieber fern, da können wir wenigstens gleich ausschalten.

+ Entschuldigen Sie, ich möchte Sie kurz was fragen. Gehen Sie manchmal ins Kino?

– Ich habe eine Familie und nicht viel Zeit. Aber ich sehe gern mal einen Film. Ich gehe meistens mit Freundinnen ins Kino. Mein Mann liest dann zu Hause und kümmert sich um unser Baby.

+ Und Sie? Gehen Sie oft ins Kino?

– Nein, nicht so sehr. Wir haben uns oft über die hohen Preise für Kinokarten beschwert. Wir gehen deshalb fast nie ins Kino.

C 3 1.

Hallo, Manfred, hier spricht Susanne. Vielen Dank für die Einladung zum Geburtstag. Du hast geschrieben, dass die Party schon um sechs Uhr abends beginnt. Da muss ich noch arbeiten. Ich kann also erst später, so um halb zehn kommen. Bis bald.

2.

Guten Tag, Frau Siebel, Georg Bende am Apparat. Es ist jetzt Montag, 19 Uhr. Ich soll übermorgen Vormittag um zehn Uhr zu Ihnen kommen, weil ich die Waschmaschine reparieren soll. Leider habe ich da keine Zeit. Geht es auch am Donnerstag um die gleiche Zeit? Bitte rufen Sie mich zurück.

3.

Hallo, Hannelore, hier ist Fred. Ich habe meine Brille nicht in meiner Tasche gefunden. Kannst du sie mitbringen, wenn wir uns im Kino treffen? Ich glaube, sie liegt oben auf dem Regal an der Haustür. Bis später.

4.

Hallo, Christian, hier ist Anna. Ich glaube, du hast mein Matheheft mitgenommen und da habe ich die Hausaufgabe aufgeschrieben. Kannst du mir sagen, was wir für morgen machen müssen? Ich habe Dieter schon gefragt, aber der weiß es auch nicht. Bitte ruf mich an.

B 3

Jeanette: Ich mache fast alles gern im Haushalt. Kochen und Nähen mag ich besonders gern. Ich gehe aber nicht gern einkaufen, weil die Taschen oft sehr schwer sind.

Ahmed Yildirim: Ich helfe meiner Frau oft im Haushalt. Ich spüle das Geschirr, wische den Boden in der Küche und im Bad und manchmal koche ich. Aber Bügeln macht mir keinen Spaß und die Fenster putze ich auch nicht gern. Am liebsten mache ich Reparaturen.

Larissa: Ich bin frisch verheiratet und wir haben jetzt eine Wohnung zusammen. Mein Mann hilft mir, wenn er Zeit hat. Ich mag Ordnung und räume gern auf. Ich koche meistens, aber ich mag es nicht immer. Staubsaugen gefällt mir auch nicht, deshalb macht das mein Mann.

D2 1 Tennis spielen zwei oder vier Personen. Man spielt das Spiel auf einem Platz. In der Mitte ist ein Netz. Die Spieler haben einen Schläger und müssen einen Ball über das Netz schlagen. Der oder die Spieler auf der anderen Seite müssen den Ball zurückschlagen. Wenn man das nicht schafft, bekommen die anderen einen Punkt.

Lektion

10 Begegnung der Kulturen

C1 2 a)

+ Guten Tag. Mein Name ist Miková. Ich habe eine Frage: Wie viel kostet ein Stand auf Ihrem Flohmarkt?
– Wenn Sie einen großen Stand mit Dach möchten, kostet die Gebühr 46 Euro.
+ Und wie hoch ist die Gebühr für einen kleineren Stand?
– Acht Euro pro Meter. Dann müssen Sie aber Tische und Stühle selbst mitbringen.
+ Das ist kein Problem. Die können wir mitbringen. Dann möchte ich gern einen Platz für einen kleinen Stand reservieren.
– Dafür brauchen Sie keine Reservierung. Sie müssen nur am Samstag so gegen halb neun da sein. Dann bekommen Sie noch einen guten Platz.
+ Sehr gut. Dann kommen wir um halb neun. Vielen Dank für die Information!
– Bitte sehr. Auf Wiederhören!

C1 4 a)

1.
+ Dieses Auto möchte ich haben. Es gefällt mir gut.
– Ich finde, du solltest das weiße nehmen.
+ Nein, mit diesem hier kann man viel schneller fahren.

2.
+ Wie findest du diesen Mantel?
– Der gefällt mir nicht. Der ist viel zu dunkel.
+ Und wie ist dieser hier?
– Der ist viel schöner.

3.

+ Welche Schuhe möchtest du nehmen?

– Ich glaube, diese hier sind nicht schlecht.

+ Nimm doch lieber die schwarzen. Die gefallen mir besser.

– Aber in diesen kann ich viel besser laufen.

4.

+ Hast du in dieser Woche Zeit?

– Nein, tut mir leid, ich kann erst in der nächsten Woche zu dir kommen.

Lektion 12 — Abschied nehmen

B2 5 **a)**

Mahmud: Du, Sabrina, ich hab da auch noch was für dich.

Sabrina: Ach, was soll denn das? Du musst mir doch kein Geschenk …

Mahmud: Doch! Ich möchte dir aber etwas schenken, weil wir immer gute Freunde waren. Und du bist ein besonderer Mensch für mich …

Sabrina: Was hast du denn da …? Mensch, Mahmud, die ist aber schön …

b)

Sabrina: So eine schöne Kette! Ich weiß gar nicht, was ich sagen soll …

Mahmud: Musst du auch nicht, … okay, ich … ich mag dich … und bitte, vergiss mich und die Naumann-straße nicht.

Sabrina: Nein, nein, du, ich melde mich auf jeden Fall aus Dresden und schreibe dir eine E-Mail oder rufe dich an!

Mahmud: Versprochen?

Sabrina: Versprochen!

Bildquellen

Arco Digital Images: © Dieterich, S. 28 – Artografika: © Weber, S. 110 – Bilderberg: © Taubert, S. 68 (unten) – Caro: © Bastian, S. 71 (4) – Corbis: © Collins, S. 68 (2. Reihe: links); © ER Productions, S. 55; © Hartmann, S. 8; © Keller, S. 6 (2. Reihe: 2. von rechts); © Martin, S. 36 (unten links); © Royalty-Free, S. 36 (oben rechts); © Skelley, S. 27, S. 68 (2. Reihe: Mitte) – © Cornelsen, Corel Library, S. 6 (2. Reihe: 3. von links, 3. Reihe: links, 3. Reihe: rechts), S. 7, S. 63 (5), S. 82 (1, 2, 3, 4, 5, 7, 8), S. 107 (oben, unten), S. 111 (oben links, oben Mitte, oben rechts, unten Mitte, unten rechts), S. 160 (oben, 2. von oben), S. 160 (unten links); Homberg, S. 76 (links), S. 85 (6), S. 104 (2, 5), S. 141 (links); Kämpf, S. 36 (oben links), S. 52 (a), S. 153; Krauke, S. 52 (b), S. 127 (unten Mitte); Perregaard, S. 71 (1), S. 137; Schulz, S. 17, 25, S. 26, S. 57, S. 107 (Mitte), S. 126, S. 141 (rechts), S. 155 (unten) – Das Fotoarchiv: © Weller, S. 132 – © Fischer, S. 149, S. 150 (unten rechts) – Fotex: © Susa, S. 127 (oben Mitte) – © Globus Infografik, S. 42 – Helga Lade Fotoagentur: © Binder, S. 68 (oben) – © Hipp-Foto, S. 51 (c) – IFA-Bilderteam: © March, S. 85 (2) – Image Bank: © de Lossy, S. 85 (3); © Grumann, S. 104 (3); © King, S. 99 (unten); © Sallaz, S. 111 (unten links); © Upitis, S. 160 (rechts) – Keystone: © Zick, S. 120 (oben rechts) – Marco Polo: © Bouillot, S. 6 (3. Reihe: 2. von links), S. 52 (c), S. 160 (oben links) – Mauritius: © AGE, S. 6 (2. Reihe: rechts), S. 104 (4); © Bayer, S. 6 (2. Reihe: 2. von rechts, 3. Reihe: 2. von rechts); © Forbes, S. 56; © Gomez, S. 6 (2. Reihe: 2. von links); © Grey, S. 80; © Kerscher, S. 68 (2. Reihe: rechts); © Paras, S. 76 (rechts); © Phototake, S. 85 (1); © Poehlmann, S. 63 (1); © Ridder, S. 6 (oben links), S. 36 (unten rechts); © Ripp, S. 6 (2. Reihe: links); © Vidler, S. 63 (6); © Welsh, S. 52 (d) – © Ministère des Affaires Étrangères, Images de France, Édition 2000, S. 104 (1) – Picture-Alliance/dpa: © Buchhorn, S. 150 (links); © Jens, S. 120 (unten); © Kluge, S. 127 (oben links); © Nederrstigt, S. 127 (unten links); © Scheidemann, S. 120 (oben links) – Picture-Alliance/ZB: © Förster, S. 141 (2. von rechts); © Schindler, S. 127 (rechts) – Sipa Press: © Sichov, S. 71 (3) – © Studio X, Polaris, Newska Tavakolian, S. 63 (3) – Superbild: © Loewen, S. 43 – Tony Stone: © Polollio, S. 6 (oben rechts) – ullstein bild: © Adolph, S. 51 (b); © AP, S. 63 (4); © Bach, S. 6 (unten); © Bodig, S. 147; © ddp Nachrichtenagentur GmbH, S. 51 (d); © Förger, S. 82 (6); © Lehmann, S. 141 (2. von links); © Minehan, S. 85 (4), © Moenkebild, S. 51 (a); © Rust, S. 85 (5); © Zentralbild, S. 51 (e) – version: © Maro, S. 68 (2); © Sachs, S. 71 (2).

Nicht alle Copyrightinhaber konnten ermittelt werden; deren Urheberrechte werden hiermit vorsorglich und ausdrücklich anerkannt.